Pour le tiers secteur
L'économie sociale et solidaire : pourquoi et comment
Alain Lipietz

サードセクター

「新しい公共」と「新しい経済」

アラン・リピエッツ

井上泰夫＝訳・解説

藤原書店

Pour le tiers secteur

L'économie sociale et solidaire : pourquoi et comment

Alain Lipietz

日本の読者へ

――社会連帯経済という実現されるべき希望――

本書が藤原書店によって出版されることは、これまでの私の著書がそうであったことに加えて、私にとりさらなる大きな喜びである。藤原書店がフランスの進歩的思想、とくに「レギュラシオン・アプローチ」の普及のために大きな貢献をなされていることに対して多大の敬意を表したい。同様に、本書の翻訳にあえて取り組んでくれたわが友人、井上泰夫氏に対しても謝意を表したい。

読者が手にされている本書は、これまで私が公刊した著書とはまったく異なっている。序章のなかで説明しているように、本書は私が一九九九年に政府に提出した社会連帯経済に関する報告書から構成されている。この報告書を作成するために、延べ四〇〇〇人以上の有識者が参加した二〇を超える大規模な、フランスのすべての地域をカバーした研究集会が開催された。さらに、EUレベル、そしてカナダ、アルゼンチンで国際セミナーやインタビュー調査が実施された。

一九九九年当時、フランスのエコロジストたちは初めて国政レベルで、社会党、共産党と連合して、政権に加わった。(1) 社会党のL・ジョスパン首相が「複数与党政権」を率いた。当時の労働・連帯大臣、M・オブリ氏が私に対して諮問したテーマはきわめて明快であった。すなわち、「利潤動機にもとづかないで、社会的目的をもつ企業のために、特別の新しい法的資格を考案すべきか否か」であった。

本書を読まれればわかるように、私はこの諮問に対して、ノン、と回答した。というのは、フランスの労働運動は一九世紀からすでに、このタイプの三つの組織を生み出しており、それらは二〇世紀初めに公認されたからである。三つの組織とは、共済組合、協同組合、そしてアソシアシオン〔利益の分配以外の目的で結成され、独自の規約を備えて恒常的に活動を行う非営利組織〕である。これらの組織は、それぞれ、私的資本主義、教会、そして国家に対する闘いのために作り出された。民衆階級は、これらの組織を自分たちのために役立てることができた。

二〇世紀を通じて、「労働者アソシアシオン運動」を形成することになったこれらの組織は、二〇世紀後半における「フォード主義的」国家、すなわち福祉国家の先行形態として、ついでその付属形態として機能すべく、法律によって規定されていた。たとえば、共済組合は医療費の払い戻しに関わり、アソシアシオンは老人センターを開設し、協同組合は農民向けの融資を始めた。クレディ・アグリコール〔フランス農協銀行〕は、世界最大の銀行であったことがある。そして、これらの組織を規定する法律は、一九七〇年代後半以降の経済危機から生まれた新しい生産組織に部分的には適合しなくなっていた。だが、技術的な改正を施すことによって、この法律は十分現代にも通用することができる。根本的に重要であったのは、一般的な資金調達のルールや新しい組織の運営のルールを取り決めることであった。そして、市民社会から生まれたこれらの新しい組織が補助金を支給する国や地方自治体に対して自律性を確保する必要があった。私が政府に提出した一九九九年の報告書はおおよそこのような内容に基づいていた。

したがって、フランスの法制度の技術的な見直しにとどまるのであれば、この報告書はフランス以外の人々の関心をとくに惹かなかったはずである。だが、この報告書が公表されてからすぐに数多くのシンポジウムがとくにラテンアメリカ諸国で開催されることになったのは、フランス人以外の人々にとってもこの報告書が意味をもっていたからである。これは次のことを意味する。つまり、複数の行為者（給与労働者、篤志家、利用者など）

の善意なしには、もっとも望ましい形ではなされないような、そして単に個別の顧客だけでなく、コミュニティ全体の欲求充足を直接目的とするような、人間の活動が存在する、ということである。ここから、「社会連帯経済」という名前が生まれた。

そしてフランス国内でも、私の報告書は大きな関心と希望を生み出した。それは、この報告書そのものというよりもむしろそれが表現する理念によってであった。すなわち人間活動の新しい分野と、それを実現するための協同経営型の新しい方法が認知されたのである。

とはいえ、これらの活動の大部分は全く新しいわけではない。むしろ古くから存在する仕事である。子供や病人や老人の世話がそうであり、文化活動によって精神を豊かにすること、自分たちの街並を持続的に活気づけることもそうであった。ご承知のようにこれらの仕事を古代から引き受けてきたのは、女性、大家族、さらに宗教団体であった。そしてほとんどの場合、これらの仕事を引き受ける組織には税制上の優遇や、少なくとも公的な認証が与えられてきた。その理由は、コミュニティ全体にとっての直接的な利便性にあった。これらの組織は政府お抱えの公共企業ではなかったし、利潤動機にもとづく純粋の民間企業でもなかった。つまり、「サードセクター」だった。

サードセクターの活動には、現在、大きな展開が期待されている。それには、まず「時代的な」理由が存在する。福祉国家は二〇世紀の最後の四半世紀において衰退し始めた。資本主義の新たなモデルは自由主義的な資本主義の規準を復活させた。国家はもう「社会的なもの」の面倒を見ない。つまり国際競争が原因で、国家は社会的ニーズを充足する労働者を雇用するためにも、教育・文化・健康のためにも十分支出することができなくなっている。こうした中で新しい連帯経済は、とくに「自由主義的・生産力主義」モデルが実験されていたラテンアメリカ諸国[(2)]で「救済」手段として発展した。

ラテンアメリカ諸国の人々は、数々の民営化の波を通じて、もはや国家がこれらの活動(そもそも最貧層には一度も提供されてこなかったが)を引き受けなくなったこと、連帯のための伝統的組織である教会や大家族にしても、もはや引き受けるのが困難になっていることを理解した。社会はすでに変わっていたので、教会はどうやって引き受ければいいかわからなくなっていたし、そのための手段もなくなっていた。大家族にしても都市化と「近代化」の過程のなかで消失していた。諸個人は、孤立し、完全に孤独になり、あるいはかろうじて小家族、すなわち核家族や片親の家庭に包括されていったのである。

今日、一九八〇年代以来支配的であった「自由主義的・生産力主義」モデル自体が危機に陥っている。(3) 現代社会は、集団的なもの、社会的な絆、基本的な連帯を再構築する必要がある。現在の危機からの脱出のための将来の発展モデルは、官僚主義をともなうリスクのあるような、社会生活のあらゆる分野における国家の復活を意味するわけではない。そうではなく、社会連帯経済こそが将来モデルを根本的に構成する要素になるだろう。

だがサードセクターはさらに構造的、「人類学的」な課題に挑むべきである。家族や宗教団体という連帯の「自然的」構造はもはや衰退していて、これらも多少なりとも、男性支配、女性の搾取にもとづいていたことを想起すべきである。つまり、他者の健康と精神の世話をするという巨大な活動の分野がここに切り開かれているのである。この分野は、「家庭的なサービス」ないし「対人サービス」と呼ばれている。健康、文化、環境保護、これらはいずれも社会連帯経済の領域である。しかもこれらの領域の雇用は自動化されにくいし、海外移転できるわけでもないので、高齢化している先進諸国においてこれから新規雇用の対象になりうる。

話を元に戻して言えば、L・ジョスパン率いる「左翼複数与党」政権は、この報告書に新たな命を与えなかった。オブリ氏は間もなく閣外に去り、後継者となったギグー氏は儀礼的に報告書を受け取っただけだった。本報告書が作成される過程で実現した相異なるアクターたちの合意にもとづいて提案された社会連帯経済のための基本法が実際に作成され、議会に提出されることはなかった。緑の党の選挙における躍進を受けて、緑の党のギイ・アスコエット氏が社会経済の国務次官に任命されたが、彼は紆余曲折の過程を経て、新しいタイプの協同組合法〔二〇〇二年二月成立、コミュニティ利益協同組合法〕を成立させただけだった。これに対し、私の報告書の目的は、サードセクターの企業の創業を最大限容易にすることにあったのである。

それから二年後、左翼複数与党政権は瓦解した。この政権のもとで、フランスの正規労働者には、週三五時間労働法という大きな社会進歩が実現した。だが、この法律は、失業者、非正規労働者、パート労働者という国民のなかのもっとも貧しい層に対しては何の恩恵ももたらさなかった。もし「サードセクター法」が実現していれば、左翼・エコロジスト連合にとり、とりわけ強固な社会的基盤を実現することができたはずである。

そのかわりに社会党政権や政権復帰した保守党が現在に至るまで奨励したのは、「サービス雇用小切手」(普遍的サービス雇用小切手、CESU)*のように、消費者への補助金給付であった。これは、家事のお手伝いさんやほかの対人サービスに関わる個人的な仕事に対して直接支払うものである。これは、サードセクターではない。この小切手のシステムは、低熟練労働者や脆弱な立場にある労働者に代替させることによって、家庭内の妻や母親の無償労働を単に外部化するだけに終わる。そうではなく、私の報告書が目的にしていたのは、被雇用者に対し、職業訓練と恒久的な支援と共に、持続的な生計の糧と尊厳ある労働条件を保障することを通じて、質の高いサービスを確保することにこそあった。

＊介護、育児、子供の補習、ＩＴ学習、家事など主として家庭内サービス・労働を充実させるために、二〇〇六年から実施されている。従来行われてきたヤミ労働をフォーマル化する狙いがある。手続きが簡便になり、税制の優遇を受けることができる。また、各種共済組合、企業による補助金制度も存在する。

たとえば、「対人サービス」を考えてみよう。教育を含めて、個人を家庭で手助けするための雇用であるが、二〇〇六年現在、フランスではこの雇用は一人当たり週平均二〇時間労働で、一八〇万人の雇用を生み出している。そしてそれは毎年一一％増加していて、国内の新規雇用の二〇％を占めている。だが、雇用する側はＣＥＳＵ制度によって国から補助金を受けとっているのに対して、残念なことに、雇用される側の契約の大半（一五〇万）は、家族と孤立した個人（多くの場合、女性）との契約になっている。つまり二〇万人の雇用だけが社会連帯経済に関わっていて、残りの雇用は大企業によって担われているのである。

とはいえ、社会連帯経済にとり、大いなる希望が今もなお存在している。国政レベルで保守党が長期にわたって政権を握っている間に、最近の地方選挙で実現した「左翼プラスエコロジスト」連合が勝利を収めた数多くの地方自治体ではエコロジストの副首長（あるいは地方議会副議長）のイニシアティブによってサードセクターの企業が数多く設立されている。そして、社会連帯経済の運営を教えるための大学も増加している。たとえば、ジャン＝ルイ・ラヴィル[*]の経済社会学の学際的研究センターがその一例である。

＊フランスの経済社会学者。経済と民主主義の観点からサードセクターについて研究している。編著書として、A・エバース、J－L・ラヴィル『欧州サードセクター——歴史・理論・政策』日本経済評論社、二〇〇七年がある。

二〇一二年、大統領選挙が実施されるフランスにおいて、本報告書に含まれる基本提案がエコロジストと進歩的勢力の連合の勝利に貢献すること、そして日本や世界の他の国ぐににおいても勝利することを願う！

二〇一〇年一二月末日

アラン・リピエッツ

注

（1）エコロジストたちの政権参加の教訓について、私の次の著作を参照。*Refonder l'espérance*, http://lipietz/ ?article937

（2）一九七〇—一九八〇年代においてラテンアメリカ諸国が果たした先駆的役割に関する私の次の分析を参照。« Les politiques sociales en Amérique latine,laboratoire mondiale », http://lipietz.net/ ?article2544

（3）自由主義的・生産力主義的発展モデルの登場とその危機について、次の私の分析と著書を参照。« Footpaths for a green deal », http://lipietz.net/?article 2579; *Face à la crise: l'urgence écologiste*, http://lipietz.net/?article2417

サードセクター／目次

サードセクター

「新しい公共」と「新しい経済」

凡　例

一、原文中の《 》は、「 」で示した。但し、もっぱら意味のまとまりを示すために「 」を用いたところもある。

二、本文中の訳者による補足は、〔 〕で記した。長文の補足は、＊印を付し、段落末に記した。

三、原書でイタリック体で強調されている部分は太字で示した。

四、必要、有益と思われた場合、原語を〔 〕内に提示した。

序章

「研究と交渉」の回顧

一九九八年九月一七日、雇用・連帯大臣エリザベット・ギグー女史が政策諮問依頼書のなかで私に諮問したのは、「社会的目的に基づく企業という新たな法的資格を創出することの妥当性」という明確な問題だった。

実際にそこでは、当時国民議会で可決されたばかりの社会的排除防止基本法の第一一条第Ⅳ項で言及されている、経済活動による社会統合のための企業のことだけが問題にされていた。これに対して、私が助言したのは、私への政策諮問の内容を広げて（このような社会統合のための企業だけでなく）市場のための生産を行うと同時に、「社会的効用」を有するあらゆる企業にまで、私の調査の範囲を拡大することであった。たしかに、一九九八年五月六日、国民議会におけるこの法案の審議の中で、ギグー雇用・連帯相は、「社会的目的を有する新しいタイプの企業、すなわち、市場部門で機能しているにもかかわらず、利潤の取得が目的ではなく、社会的サービスを提供して、雇用の不足するわが国において雇用創出に貢献しうるような企業」の創設に関わる問題について総括的な議論を展開したのだった。彼女の大胆な発想は、それ以前の数々の議員立法の提案(「若者向けの雇用創出」)や演説の延長線上にあって、さらに遡れば、社会党と緑の党の選挙協約の中にその原型を見いだすことができる。その原型とは、エコロジー的、社会的効用を有するサードセクターを基本法によって創出することであった。

この問題に取り組むべく、私はまず、サードセクターの創設に関して、そして経済的なものと社会的なもの、あるいは、市場的なものと非市場的なもの、さらに、貨幣的なものと非貨幣的なもの、これらの間の「新しい境界」に関して、「一般的な枠組」を設定することに取り組まねばならなかった。この目的のために、私は、社会的排除を防止するために闘っている様々なネットワークの調査に取りかかった。この準備調査は、協同組合の要請にしたがって協同組合組織にまで拡大され、さらには共済組合の要請も受けて共済組合組織にも拡大された。さらに、大半のアソシアシオン組織、つまり、市民的な教育組織、地域交換システム、一連の文化的活動のための組織にまで、調査は拡大された。さらに、この調査は、EUのDigestusプロジェクト〔社会的効用を有する企業に関するEUのプログラムであり、スペイン、イタリア、ベルギー、ドイツ、フランスが主として参加している〕の会合に合流した結果、ヨーロッパ・レベルにまで拡大された。

一九九九年一月に私が提出した中間報告以降、私は先の問題に対して次のようにはっきりと回答することができた。すなわち、**新たな法的資格の設定なしに済ませることが十分可能であって、**アソシアシオン、協同組合、そして共済組合の**システムといった既存の「社**

会経済」の枠内に存在する法的資格を修正するだけで十分である、と。アソシアシオン組織の全国評議会（一九九九年二月開催）において、雇用・連帯相はこの方針を承認した。この段階で私は諮問を終えることもできた。法改正あるいは必要な規制について常識的に若干の提案を行えば、私の報告は事足りていたはずである。

だが、私は、「社会的目的を有する起業家」の潜在的な担い手たちを前にして、広範囲に及ぶ調査を行うまでは私の報告を終えないことを約束していた。先のアソシアシオン組織の全国評議会の直後、「社会的革新と社会経済のための組織」（ＤＩＥＳ）は、雇用・連帯相、そして国土整備・環境相、さらに都市関連事務次官に対して、この問題について、「地域ごとの公聴会」を組織するよう提案した。私が期待したのは、ツーリズム、青少年・スポーツ、そして文化を担当する諸大臣もこのような呼びかけに加わることだったが、さまざまな理由によって、それは不可能だった。さらに、地域ごとの公聴会を準備して組織するためにも予想以上に時間を要した。結局、これらを踏まえた全国レベルの全体集会がパリで開催されたのは、二〇〇〇年六月五日のことであった。

このときにこの集会の委員会(1)によって提出された地域ごとの公聴会の注目すべき最終報告は、四五〇〇もの関係者を動員した地域ごとの公聴会がきわめて有益であったことを示している。地域における公聴会によって明らかになったのは、これら組織が相互に有する意識の変化、共通する期待の大きさ、さらに、依然として未解決の問題が残されていること、そして実践における一定の調停が必要であることであった。

私は本書を著すに際して、この最終報告とまったく独立して執筆することにした。最終報告は当事者たちの見解を反映しているのに対して、私は一定の未解決の問題に対して回答を提示しようとしたのである。

だが、実際には、これら二つの過程の間には相互的関係が深く存在している。**社会連帯経済**と呼ばれる組織の当事者たちは、私の中間報告を手にしていた。私は彼らの意見を聞くことに深く関わり、全国的な運営委員会や各地における集会だけでなく、メディアやネットワークを活用して、「地域の下部レベル」(県、都市、あるいは社会的使命をもつアソシオンや企業など）における数多くの議論に参加した。この過程に高度な専門家の意見と共に他のアカデミックな集団や、ネットワークの集団、さらに政党も参加したのだが、ここから、一定の合意が除々に形成され、**連帯経済**のテーマが公式に認められることになり、ついにはこの名を有する国務次官のポストが創設されることになった。したがって、本書で語らねばならないのは、まさしくこのように至った「研究と交渉」の経緯と過程についてである。私自身の見解も、この過程を通じて、他の人たちの見解と同様に大きく変化した。数多くの反論が提示されたし、それらに対して回答することを学ばねばならなかった。その後、反論の数は減ったが、それでもなお一定の躊躇は残っている。

最後に、この研究と調査の過程は、まったく独立して始められた別の交渉過程を随伴していたことを強調すべきである。これら二つの過程は相互に交差するはずであったし、実際、ますます交差の程度を強めていた。その例が、一九九八年の有名な財務省通達であり、それは、アソシアシオンの税制上の特別措置を「整理する」ことを意図していた。当時の経済・財務大臣は、地域の公聴会や私自身と同じ作業にとりかかったが、彼のやり方はもっと大がかりであり、そのインパクトも大きかった！　新しい財政省通達がもたらした不安は、その後の公聴会に重くのしかかったのであるが、自己組織化の運動を促進し、アソシアシオンの財政的特権の社会的正当性をめぐる議論にも展開していった。つまり、こうした不安も、逆説的に、きわめて有効であることが明らかとなったのである。

それゆえ、地域的な諮問の最終報告が数々の具体的な提案に満ちているのに対して、私は、そこで素描されている「コンセンサス」が含意している一定の根本的な問題に対して、もっと理論的に答える――上述の私宛の諮問書はそのことを要請していた――ために自分の報告を練り直したのだった。その合意というのは、すなわち地域の諮問会議で広く要求されていたように次の段階は「**社会連帯経済に関する基本法**」であるべきだということを結論として提示する形で示されていたのである。

「社会連帯経済」とは、「社会的」有効性を有する経済活動の全体を示すために生まれた言葉である。この言葉が直接表現しているのは、交渉の主要な対象となった、次のような困難である。とりわけ「連帯的な」性格をもつ経済活動から構成される「サードセクター」を発展させる、しかもとりわけ既存の社会経済の法的枠内で実施されるという選択がなされるとすれば、はたして、その場合、社会経済活動と連帯経済活動の範囲は重なり合うと考えねばならないのだろうか。もし重なり合わないのだとすれば、すなわち、社会経済の一部分しかカバーしないような「社会的にして**かつ**連帯的な経済」という単一のラベルが存在する場合、他のすべての社会経済から万里の長城のような高い壁で隔離せずして、私をして連帯経済と社会経済の接近を追求させようとしたような先入観を持ちながら、このような部分をどう定義すればよいのだろうか。

これらの躊躇を解消するためには、先ず「社会経済」、「連帯経済」、「サードセクター」という概念を定義し、これらの相互の関連と他の経済領域との関連をも明らかにする必要がある。その後、既存の活動主体から生み出されている実例や要求に基づいて、不可避的に生じる緊張を調整すると同時に、経済的な性格と社会的、環境的ないし文化的使命を併せ持つ活動のイニシアティブを最大限発揮させるような基本法を素描しなければならない。

本報告にあった大筋は、以上の通りである。

本報告における第一の困難は、社会的効用と「社会的目的」の定義にあった。私の議論（そしてもちろん、若者の社会的、職業的統合に関するベルトラン・シュヴァルツの一九八二年の報告に引き続いて起こった議論と実例から私が「学んだこと」）から生まれたのが、ある種の理念的なタイプの「サードセクター」である。それはその資金調達の仕方において混合体制的である（すなわち、市場経済に統合されているけれども、税制の優遇、社会負担の免除、さらには公的補助を享受している）と同時に、もっとも広い意味において、社会的使命を帯びている。**本書第1章はこのような「理念的タイプ」の分析にあてられている。**

第二の困難は、社会経済そして連帯経済というサードセクターの内容に関わる概念とともに**このサードセクターと公的セクター及び市場セクターという二つのセクターとの関連を解明することにあった。この点は、本書第2章のテーマである。**

本書第3、4章は、サードセクターの出現の今日的条件の分析にあてられている。第3章では、現在、萌芽状態にあるサードセクターの発展を条件づけている最近の主要な法的決定や言説の全体、すなわち現在の「判例」がまとめられている。第4章では、私に対して口頭ないし文書で示された、活動主体（あるいはネットワーク）の願望が再検討されている。

第5章は、既存の事例、諸外国の経験、活動主体の提案にもとづいてサードセクターの法的資格の問題をとくに検討している。

最後に、第6章は、社会連帯経済というサードセクターの発展のための基本法の主要な内容について提言している。

本書の末尾において、さまざまな意見を伺った「専門家たち」に対してお礼を申し上げて、その方々のリストを本書の付論に付け加えるのが普通であるが、私が上述したような「研究と交渉」の過程の性格そのものによって、このような慣習に私が従うことは禁じられる。本書は、数多くのものから影響を受けてできあがったものであり、そのいちいちは、リストアップできるようなものではない。大きなアソシアシオン連合組織の代表との出会いに始まって、現地での集会の出口での見知らぬ活動家との接触に至るまで、私の考えが質問の対象になり、くつがえされ、その結果、方向転換を迫られたことは、私にとって望外の喜びであった。とはいえ、せめて私に対してこのような貴重な経験の機会を与えて頂いた雇用・連帯大臣に対して謝意を表したい。そしてまた、私にとってほとんど未経験の分野へ私を誘導して、社会連帯経済に関する地域の公聴会を組織して頂いた社会経済の関係相会議の事務局（とくに、ユーグ・シビル、ジャクリーヌ・ロルティロワ両次官）に対してもお礼を申し上げたい。

最後に、私の調査ならびに本報告の作成を補助してくれたブレーズ・デボルド氏に感謝したい。

注

（1）地域ごとの公聴会の運営委員会は、DIES〔イノベーションと社会経済のための関係省会議〕を中心として、社会経済と連帯経済と称される領域の代表者たちによって構成されていた。最終報告を作成したのはユーグ・ドゥ・ヴァリンヌであるが、運営委員会で長時間にわたって議論された。

第1章

社会連帯経済としてのサードセクターの理念型

経済的な意味における「セクター」[1]とは、本書で使用される場合、以下のような点によって特徴づけることができる。

――セクターを形成する**経済的単位**の性格（法人あるいは個人、内的な調節の形態、権限）。

――経済的単位とその**被雇用者**との関係（賃金生活者、ボランティア、所有権への参加の有無など）。

――経済的単位とその活動の**受益者**との関係、すなわち、経済的単位の活動（分配、市場）の受益に関わるレギュラシオン、さらにこれらの活動領域。

――これらの活動のための資金調達。

――当該セクターと他のセクター、とくに国家（税制、補助など）を**経由したセクター**との関係のレギュラシオン。

――例えば、指導者や雇用者の養成機関といった一定の付属的な制度。

典型的に言えば、市場セクターと公的セクターは次のように定義される。

――**市場セクター**では、企業は、資本所有者ないしその代理人の指揮のもとに賃労働者を組織して、市場に財とサービスを供給する。企業による供給は、費された活動の有効性を示すと同時に、企業に対して、賃労働者に賃金を払い、資本所有者によって投下された資本を減価償却させ、資本の前貸に関して報酬を支払う手段を与える販売によって価値実現する。

——**公的セクター**では、選挙で選ばれた人びとによって管理される官庁が、税を集めて、社会の需要を充足させるために資金と賃労働者を割り当てる。その割り当ての仕方は、内部の手続きと民主的な議論によって決められる規準（学区地図、病院区分図など）に従っている。

これら二つのセクターの場合、市場セクターの自営業者を別にすれば、被雇用者は賃労働者であり、類似した労働法に従っている。市場セクターは、市場と収益性によって規定されるのに対して、公的セクターは、租税とその配分によって規定されるが、租税とその配分は、いずれも選挙での投票によるコントロールを受けつつ、官僚によって管理される。

これら二つの図式的表現はもちろん「理念型」である。一定の企業ないし、すべての企業が、一般的ないし地域の利害という目標にしたがって、公的に決定される税制の優遇ないし補助を受け取らないような市場セクターはほとんど存在しない。公的セクター自身、その被雇用者は国家によって雇われているが、そのサービスを販売することによって、自らの活動の一部を価値実現している（学校の食堂、郵便局はまったく異なる例である）。したがって、これらの理念型に見合うような「法人」はきわめて少数である。だが、理念型は、理想としてだけでなく、実践的な参照規準として意味を持っている。一方のセクターから他方のセクターのもつ諸特徴への「はみ出し」は、ルールの例外として見做されていて、法律、とくに財政法によって注意深く限定されている。一定のセクター（住宅、医療、教育）ではきわめて複雑な融合が生じているが、税ないし制度の観点からみれば、完全に法律によって規定されている。

住宅、医療、教育という三つのセクターは（活動人口の三分の一以上を占めているので）、明確に公と民が混在する「サードセクター」を創設する場合、記憶にとどめておくべきである。

「社会的、環境的、文化的有効性をもつサードセクター」ないし、「社会連帯経済としてのサードセクター」という概念は本書のなかで定義されるが、この考えは、一九八〇年代に除々に生まれた。そのきっかけとなったのは、経済学者たちが「フォーディズム[2]」と呼ぶ第二次世界大戦後の発展様式の全体を規定していたはずの市場セクターと公的セクターという二元主義が**危機**に陥ったという認識であった。この危機は先ずネガティブなものとして現れた。というのも、もはや需要は市場セクターでも公的セクターでも充足できなくなっていた。さらに、被雇用者は失業を余儀なくされていた。彼らはふさわしい資金を調達できなくて、市場セクターでも公的セクターでも雇用を見つけることができなかった。「混合的な資金調達」のための措置はこれらの失業者を（市場セクターあるいは公的セクターに）「統合する」ために導入されたのだった。それから二〇年後の現在では、もっとポジティブな正当化のための議論が登場している。一定の需要を充足するためには、混合的な資金調達にもとづいた、独自のレギュラシオンにしたがうようなサードセクターの領域が持続的に存在するのである。(3)

マクロ経済的な理由――「受動的支出を積極的なものに転換する」

サードセクターの特徴は何よりも、広い意味での税制上の特別措置に見いだすことができる。それは、税あるいは社会保障負担の免除から、公的補助の付与にまで及んでいる。このセクターの存在自身が社会に集合的な利益をもたらすからこそ、サードセクターは、すべての、もしくは一部の社会保障負担、税負担を社会によって免除され、持続的な補助が正当化されている[4]、というのが基本的な考え方である。

第一の理由は**マクロ経済的**な説明である。失業にはコストがかかる。それだけのコストを、失業を減らすための活動の資金に当てることも可能である。これが、「受動的支出の積極化」である。その際、「支出」とは何かを定義しておく必要がある[5]。

厳密に言えば、**実際に支払われた支出**だけが補助金とみなしうる。例えば、失業保険、「全国雇用資金」（FNE）による補助、RMI（雇用促進最低所得）などであり、これらは総額約一五〇〇億フラン〔約二兆七〇〇〇億円〕にのぼる。

それに加えて、社会的利益が漸次的に「社会全体」によって享受される（医療保険、家族手当、老齢年金）一方で、失業者の収入から拠出されるべき社会負担が不足するために、**公共の管理機関にとっての収入不足**が生じる。その額は、全体で四五〇〇億フラン〔約八兆一〇〇〇億円〕になる。

最後に、活動の不在それ自体が社会全体にとっての収入不足となる。すなわち失業者が生産し得た国民所得のことである。その額は一定の算出方法にしたがって（ここでは典型的な方法にしたがって、平均的な非熟練労働者で、それに見合う賃金を受け取っている労働生産性を想定する）、約一兆フラン〔約一八兆円〕と見積もることができる。この額のうち公的機関によって回収される部分は、「実際に支払われた支出」や上述の二つの「収入不足」を上回る。というのも、この回収部分には、さらに、「商業税」（所得税、地方税、付加価値税）が含まれているからである。

したがって、「サードセクター」となる生産的単位は、社会保障負担と商業税を免除されて、雇用者一人当たりのＲＭＩに見合う補助金を受け取れば、公的機関にとってのコストはゼロであって、しかも社会には新しい財とサービスのフローを供給することになる。もっとも、それは、このセクターによって他の二つのセクターが排除される、つまり「食われて」しまわない限りのことである。

この排除の問題を考察するために、サードセクターのマクロ経済以外の他の二つの特徴、すなわちサードセクターの活動の**特殊性**とその**レギュラシオン**の問題を分析することにしよう。

ミクロ経済的な理由——サードセクターの「協同的」性格

法制上および税制上の「特権」を正当化するよう要請されているサードセクターとしての法的資格を先取りしようとしている既存の法人（失業者の社会統合のための企業や諸団体など）は、より積極的かつ、ミクロ経済的な理由づけを展開している。これらの特権とは、このような法人から見れば、自分たちの活動が社会にもたらしているサービスへの報酬に他ならない。これらの報酬は、個別の市場での評価の対象にはなり得ないにもかかわらず、こうした活動は、個別的な市場取引と関わりうる。そこから、これらの法人の「混合的な資金調達」の正当化の根拠が生まれる。すなわち、サービスの販売による資金調達と、広い意味での税制の優遇措置による資金調達である。例えば、社会統合のための会社が見捨てられた公共住宅地域にレストランを開店するのであれば、この会社は消費者が支払う食事だけを供給するのではない。この会社は、失業者のために社会統合を実現し、彼らに技能教育を提供することになり、荒廃した地域に共生的な場を復活させることになり、さらに、低所得階層の家庭に手頃な価格で食事を提供することになる。こうしたことすべてが社会財政的な資金調達を正当化している。それがなければ、新しいことは何も起こらなかったであろう。（消費者が購入する）食事も、技能教育も、他のすべても、である。要するに、補助金ないし社会保障の負担、税的負担の免除は、顧客に販売された食事を光り輝かせている「社会的ハロー効果」への対価なのである（コラム「補助金か税免除か」参照）。

このように、サードセクターの資金調達の特殊性は、このセクターの活動の特殊性を意味している。これはわれわれによれば「協同的」特殊性である。

この「協同的〔communautaire〕」という言葉を日常的に使用しているのは、ケベックのサードセクターの諸機関である。だが、この言葉は、パリにおける「コミュニティ主義者」と「抽象的な普遍主義」の主張者との間の論争によって、手垢にまみれたものになっている。「協同的」はしかし、「市町村〔municipalité〕」や「気前良さ〔munifience〕」という言葉と同様に、ラテン語で責務、義務、そして寄付を同時に意味するmunusに由来する。[6] **コミュニティ**〔communauté〕とは、相互的な責務と寄付の全体であり、**市町村**〔municipalité〕とは、責務を取りまとめる機関であり、同時に、責務から生まれる成果を市民たちに（気前よく！）

コラム「補助金か税免除か」

マクロ経済の観点から、正確に言えば、広い意味における公的な活動全体（中央政府、地方自治体、公共福祉施設、社会保障機関、全国商工業雇用協会など）と経済活動の分野との関係についていえば、補助金を与えることとそれに見合う税を免除することは同じことになる。それぞれが独自の予算をもつ公的機関はさまざまであるので、中央政府は一定の活動に対して税負担を免除することを決定する場合、こうした免除を支出としてみなすことになる。たとえば、収入の不足している公的機関に対して一定の手当てをおこなう場合がそうである（たとえば、地方税を軽減した自治体に補助金を支給する）。あるいは法人に対して直接補助金を出す場合である（この補助金は税負担のために使用される）。両者の違いが現れるのは統計においてだけである。すなわち税負担が軽減されれば、「強制負担率」は低下する。補助金が支給されれば、強制負担率は上昇する！（全体的に家計に負担されている）社会保障の負担を「国家による社会からの徴収」に含めることを一部のメディアが進んで行っているような国においては、このような統計上のちがいも無視できないのであり、「支出」の形態が重視されるようになる。

ミクロ経済の観点に立てば、事態ははるかに複雑である。雇用者である法人にとって、競争相手の税負担が変わらないのであれば、税負担の軽減は補助金に等しい。社会的正当性の観点に立てば、税負担の免除は「社会的ハロー効果」に対する報酬となる。「われわれの活動は顧客へのサービスに加えて、社会に対して無償のサービスを提供している。われわれが、集団的支出をまかなうべき税負担を部分的に免除されることはしたがって正当であるが、ある意味でわれわれはすでにこうした税を負担しているのだ。」このような議論は、「賦課方式」による社会保障負担制度のもとではとくに妥当する。この制度のもとでは、各人は自分のためにではなく、同時代の人びと全員に対して負担しているからである。家庭内での援助に関わるアソシアシオンがどうしてさらに家庭的な税負担をも支出しなければならないのか、というわけである。

残念ではあるが、このような議論はほかの企業が税負担を行うかぎりにおいてしか妥当しない。すなわち「社会的ハロー効果」への報酬は、その場合、税負担の免除に等しい。社会統合、職業参加を例に取り上げよう。雇用・連帯省の担当者たちは実際の支出（補助金）と税支出（税免除）をためらうことなく合算する。そして、賃労働者一人当たりの額を算出する。だが、この計算は所与の「正常な」税負担においてしか妥当しない。ところが、さまざまな理由によって（つまり、低熟練の労働コストを下げる、あるいは社会保障の負担部分を累進的にする）、「正常な」負担部分は低下する傾向にある。そして最低賃金レベルではゼロになる。

だが、社会統合のための企業や中間的なアソシアシオンは、失業者たちを具体的な活動に取り込むと同時に、社会に対して、これら失業者の社会統合と失業者の心理的、職業的な社会復帰を実現している。この社会的効果は、こうした組織を支えるスタッフ、ボランティアによって生み出されたのであり、社会保障の負担の免除という報酬を受けるに値する。だが、社会統合の手続きによってこの労働者が社会に「再統合」される場合、低熟練労働者を雇用するすべての企業で、この税負担はゼロになるのであれば、この再統合の措置に対する報酬はどうなるのだろうか。
したがって、政治的に受け入れられる「社会的ハロー効果」に対する報酬の水準については、補助金か税の免除かで慎重にバランスを取る必要がある。

分配する機関である。したがって、この相互性にもとづく社会的繫がりという概念は、「前近代的な」何かを有している。それは、フランス革命が排除しようとしたものである。とはいえ、「共和的〔république〕」という言葉もまた、ラテン語の起源があるのであり（「公的なこと」）、「協同的」という言葉と従兄弟関係にある。

よく考えて見れば、サードセクターは、現代（公式的にはフランスではフランス革命以降、あるいはより実際的には第二次世界大戦以降）において人間の活動が市場セクターと公的セクターという二つの分野に限定されてしまって社会的紐帯に生じた間隙を埋めるという性格をもっている。つまり現代では、社会的紐帯は、交換か、あるいは所得再配分によって実現されている。[7] この市場的＝公共的な規準化は、驚くべき量的進歩（各人に保障される生活水準を改善できた点において）と同時に、多くの場合、質的な進歩（普遍的ないし無条件の権限にしたがって表明された点において）となった。だが、この規準化は、伝統的な社会（第三共和制のそれも含めて）で充足されていたようなあらゆる種類の欲望も、「ポストモダン的」な社会の新しい欲望も決して充足できなかったし、ますますできなくなっている。

もう少し詳しく述べることにしよう。国家と市場と個人を媒介するような団体はすべて、フランス革命、そしてとくにルシャプリエ法によって禁止されたと言われる場合(8)、家父長制家族という重要なセクターは、フランス革命によっても禁止されなかった（さらに、民法によって強化されさえした）ことは忘れられている。伝統的社会では、人間の活動の中心は、家族的なセクターに存在した。そこでは女性が「無償で」日常生活の必要を充足していただけでなく、生活のリスクさえカバーしていた。例えば、病人、回復期にある病人、介助の必要な人、寝たきり病人などの介護、そして子供への教育のほとんどがそうであった。賃金生活者層の発展、そしてフォーディズム期における社会保障制度の発展によっても、家族協同体に対してこうして無償で提供されていた労働から女性を部分的にしか解放できなかった。現代における雇用の危機、社会保障制度の危機、賃金生活者と家族の不安定化、生活の孤立化、平均寿命の高齢化によって、フェルナン・ブローデルが物質文明の「一階」（非市場的）と命名した空間はポッカリと穴があいたままになっている[9]。

しかも家族的な領域は、多くの場合、教会（教会はナポレオン一世によってしかるべき位置に置かれた、あるいは、再建された）によって組織された奉仕活動からなる大きなセクターによって補完されていた。（病人あるいは介護を必要とする人びとへの援助である）「社会奉仕」がとくにそうであった。このセクターは、大部分「公的扶助制度」や社会保障制度によって吸収されたが、いわば下請けとして活動している巨大なアソシアシオンの組織（その代表がUniopss*である）は現在も残っている。社会奉仕から賃金労働への移行は、このセクターを支える人びとや受益者に多大の便益をもたらしたが、一定の組織的な硬直化と非人間化の傾向を引き起こした。修道会が公立病院から手を引いていくにしたがって、「修道女」一人の代わりに三つのポストを新たに創出できるはずであった。だが、実際には全くそうはいかなかった。「病院を人間的にする」ためにかつては実現されていたさまざまな目標は、現在実現されていないのであり、今日では数多くのシンポジウムのテーマになっている。

＊医療、衛生に関する非営利的な諸団体の全国組織であり、二〇〇五年現在、二五〇〇〇の団体をカバーして、全国ネットを有している。

最後に、伝統的社会は、規制や市場だけに従って機能していたのではなく、社会の中で内部化された規範や慣習にも従って機能していた。隣人、そして来訪者は他者の境遇に対して責任を感じたものだった（感じすぎていたのかも知れない）。祭りの準備は各人の能力に応じた奉仕であった。理論的に定められた職務に就いた人びと（田園監視員、教師、司祭、道路整備工夫〔第三共和国の下級公務員で、村の道路の補修に従事していた〕）は、そのように定められた自分たちの責務を大きく超えるような協同体の利害に関わる仕事に就いていた。現代社会は、一つのポストに一つの役割を割り当て、一つの役割に一つのポストを割り当てたが、それでもこれらのポストで充足すべき役割のすべてをカバーすることはできないでいる。現代社会は数多くの機能不全に直面している。つまり、そもそもそうした役割をカバーできなかったり、あるいは、必要とされる複雑性を無視せずに引き受けることができなかったり、新しい役割（例えば「中間的存在」〔第2章注（9）参照〕）が必要とされているのに、そのことが認識すらされていなかったり、特定の顧客や受益者を対象とした特定の活動に伴う「社会的ハロー効果」のように、ある種の「協同体的効果」は、その性質上、そもそも副次的な効果としてしか実現されえない、ということがある。女性の無償労働という家父長的な規準に逆戻りすることはないだろう。そう願いたいものである。また、修道女を公的サービスに再び従事させることもないだろう。

それに対して、「自由時間に」協同的な活動を奉仕として引き受けて、広い意味での**市民権**〔citoyenneté〕を実践的に行使することは、必要不可欠であると同時に信頼しうる、本当の目標になっている。だが、これらの活動の一定部分は、専門化と持続性を必要とするがゆえに、それらの活動に従事する何十万の人びとはかなりの時間をそのために費やし、それで「食べて行く」ことを必要とするし、実際それは可能であろう。要するに、彼らは通常の賃労働の規準にしたがって、**正当に支払われる**べきなのである。[10] さらにこれらの人びとは、そこで、各人が社会活動に対して期待しうるものを獲得することになる。つまり、自己承認と他者の承認である。

とはいえ、その活動の性格そのものにしたがって、サードセクターは、このセクターの賃労働者に対して特別の職業的倫理、一定の責任、そして個人的参画をつねに要求することになるだろう。それは、労働法を遵守（賃金と標準的な労働時間）しながらも、このセクターがボランティア組合活動に類似しているという「協同的な」使命を担っているからである。このような深い自己参加と責務（ただし、ラテン語の munus という意味における）は、それ自体豊かな内容をもつ仕事の長所の対価なのである。

サードセクターの活動が展開されねばならないのは、まさしくこの協同的なサービスという広大な領域においてである。これらのサービスは従来のサービスの見直しであったり、新たに創造されるべきものである。このセクターを通じて、「市民であるボランティア」と「賃金生活者である専任者」とが必然的に協力することになる。そして、以下で叙述するようなレギュラシオンの手続きにしたがって、このセクターは、先に述べたような社会財政的および法的な特別措置を十全に享受することができるだろう。

「社会的ハロー効果」の実例

具体的に説明すべく、多少なりとも今述べたことに関係する経済的活動の四つの舞台についてべることにしよう。

社会統合、職業的統合

この例は、フランスにおいて「サードセクター」タイプの「社会政策」の新しい領域がどう出現したのかを示す最初の例である(一九八二年の若者の社会統合、職業的統合に関するベルトラン・シュヴァルツ報告)。この報告の後、数カ年の間に展開された議論は、基本的にマクロ経済的な理由付けに関わるものであった。すなわち、受動的な支出を積極化することが目標であった。社会統合、職業的統合という場合、ただちに問題となったのは、「統合」という言葉の曖昧さであった。この語は、はたして、現代経済の第一セクター(市場セクター)、ないし第二セクター(公的セクター)に参加できるように、排除された人を支援する過程を意味しているのだろうか。それとも、自分の活動によって社会の中で自分の「位置」を見つけた人の永続的な「状態」、つまり、収入、自己承認、他者による承認のことを意味しているのだろうか。

明らかに、過程という最初の解釈が先ず選択された。それはちょうど、「社会的」という言葉が(「社会政策」と言う場合)、「社会の福祉に関する」ことではなく、「貧者に関する」という意味として受け取られたのと同様である。したがって、「架け橋としての統合」

あるいは、「行程ないし軌道としての統合」と言うことができた。つまり、他の何かに向かう運動を意味していた。ということは、ひとたび何らかの経済活動によって「立ち直れば」、排除された人は第一ないし第二セクターの中で自分の位置を見出すだろう、と想定することを意味した（そうなれば、この人はもはや統合する必要はなくなり、「社会的」対象ではなくなる）。ところが、実際にはほとんどそのようにならなかった。失業者は「長い列」を作り、供給される雇用の数は限られていたので、先のように考えられた社会統合は雇用を見つける行列の順番を変えることはできたとしても、雇用の総数を増やすことはほとんどできなかった。[11] **これとは反対に、サードセクターは、過程としての統合と到着点としての統合を組み合わせることによって、「社会的に有益な」**つまり、社会全体にとって有益な**永続的雇用を純増させることができる。**第三共和制の農村地域では、例えば道路整備工夫の仕事は、低熟練者にとってこのような二重の意味を持っていた。だが、このような例よりももっと先に進む必要がある。サードセクターで働くことが「選択された」のは、第一の市場セクターよりも働きがいがあり、第二の公的セクターよりも柔軟だからという積極的な理由によるのであって、被雇用者が熟練し、専門化し、統合型の企業の中で「キャリアを積み重ねる」ことができるようにすべきである。

さらに、企業間の競争をめぐって、社会統合を実現する法人に付与される税制の特別措置をミクロ経済的に「正当化」しなければならない。避けがたいことであるが、「社会統合の対象者」達の、熟練度の低さ、生産性の低さ、統合度の低さが引き合いに出されるであろう。すなわち質が良くないからこそ、公的に補助しなければならない、というわけである。つまり、この種の統合プログラムに諸個人が参加することを正当化する同じ論理から、この種の「社会的な処方箋」を利用する諸個人を非難する動きが生じてしまうのである。この(処方箋／非難という)問題によってこそ、第一、第二セクターへの最終的統合はきわめて困難になっている。社会統合の対象者ではなく、**それ自体の特質によって一定の特別措置を享受できるような安定的なサードセクターを創出することによって初めて、諸個人への非難を回避することができるし、他のセクターへの移動も容易になるだろう。**[12]

協同的な効用

これらの雇用の永続化を考えるのであれば、**生産されたものの効用**こそがサードセクターの特質を最終的に決定することになる。

「社会的かつエコロジー的効用をもつサードセクター」というようにしばしば表現され

る。この婉曲的な表現は、「市場／公共という二分法によって残された間隙」というわれわれの認識に相応している。

「エコロジー的効用」という言葉によって表現しようとしているのは、市場的レギュラシオンでは手を加えて大事にしようとしない（それどころか、濫用するよう誘導される）ことによって荒廃した空間（荒れ地、耕地の劣化）が存在し、他方で公的レギュラシオンにも手を加えるための手段もなければ、そのような意思もない、ということである。あらゆる集団的空間や出入りの自由な空間が、こうした荒廃した空間になりうる。したがって、地区の魅力は、大部分は各住民が手を加えるか否かにかかっている。とはいえ、新しい市民意識にもとづいて、地区の環境の自然発生的な悪化をくい止め、また、各市民がそれぞれの「筆使い」で街を彩る（街を花で美しくする運動）ことができるとしても、協同的な部分の維持について、規則的で、ボランティアによる自然発生的な活動を期待することは、人間に対して余りにも過大な期待を抱くことになるだろう。したがって、市町村にとって、その財政状態に応じて、使用者／受益者の支払の有無にかかわらず、誰にも利益になるような仕事をする市民に対しては賃金を支払うべきなのである。これこそ、税制上の優遇措置を正当化しうる公共財と料金を課せられない外部効果の論理である。

要するに、サードセクターの社会税制的優遇措置は、汚染活動への環境税や汚染税の積極的な等価物である。このことは、とくに都市における廃棄物の再利用やリサイクルのための社会統合型の企業について妥当する。これらの企業は、家電製品について、以下で述べる意味での「社会的な」顧客に対する中古品の製造にまで関わることができる。

エコロジー的な効用に対して、「社会的な効用」という場合、これは、すでに述べたように、貧困層に関わるという意味での「社会的」という言葉から理解されている。社会的な効用とは、貧困層、つまり、「支払い不能者」のための措置に関連している。貧しい利用者への財・サービスの提供が、このセクターの税制上の優遇を正当化している。その対象となる人たちは、賃労働者として社会に統合されなければならない不安定で低賃金の排除された者としてではなく、消費者、隣人、親戚、十全な権利をもつ市民として社会に統合されなければならない。こうした社会的効用は、協同的という形容詞にまったく相応しいのであって、しばしば市町村（あるいは地方議会）がたまたまその責任を引き受けることもあるが、その場合、市町村は（CCAS〔フランスの大半の市町村に存在する末端の公的社会保護機関〕によって）この責任を直接的に引き受ける、あるいは（一定のアソシアシオンを補助しつつ）間接的に引き受けるのである。

しかし、支払い不能に関わるだけの議論では、この種の「供給政策」に対して弱い根拠づけしかもたらさないことを強調しなければならない。ここでの社会的セクターという発想は長い歴史をもっている。とりわけ低所得者向け公共住宅（HLM）という**社会的住宅**の例があり、そこから、われわれは数多くの考察のかぎを得ることができる。この公共住宅セクターは、資本調達（準公共の資本）と金利について優遇措置を得ていた。さらに、商業税を部分的に免除されていた。その代わり、このセクターは、所得で対象となる階層を制限していた。こうした住宅の需要が量的に一応充足されて以降（一九七七年以降）、住宅資材への補助から個人向けの補助に変わっていった。標準的な住宅の生産が普及したので、個別事情に応じた補助が各入居者を対象に施されることになった。それが、個人向け住宅補助である。(13) したがって、顧客の支払い能力によってのみサードセクターを正当化しようとするのであれば、市場セクターで購入しようとしている「個人向けの補助」を行ったほうがはるかに経済的に容易であるとの反論がすぐに出されるだろう。

この反論（部分的に妥当であるが）には、次の二つの仕方で応じることができる。まず、実際には社会的使命を持つような私的な供給は存在していないのであり、われわれは、むしろ「住宅資材への補助」の段階にある。次に、顧客の支払い能力の問題が解消することによって私的なサービスが発展したとしても（個人向け住宅補助（ＡＰＬ）のように「サービスを受けるための個人向けの補助」によって）、「社会的ハロー効果」を欠くことになるだろう。ここに言う「社会的ハロー効果」の源泉は、これらのサービスの供給が、社会的な絆の回復に深く関わり、市場サービス、とくに「低品質」の市場サービスには還元できないという点に存するからである。もし仮にサードセクターが新たなサービスの分野を開拓した後にそれを市場セクターに委ねなければならないことになり、顧客の支払いが可能になったとしても、サービスの内容は同じではなくなるだろう。このようなサービスが私的にではなく、公的に、例えば、（前掲のＣＣＡＳのような）地域管理センターや社会的賃貸組織（ＨＬＭ公社）によって提供されたとしても、事情は同じであろう。ピザの配達人にしても、ＨＬＭの集合的空間を維持する庭師やペンキ屋（公的だろうが私的だろうが）にしても、自分たちの仕事を離れて、ピザ配達先の孤独な老人と会話をしたり、あるいは子供を数分間でも見てあげたり、警備の仕事を離れて喧嘩を静めたりしないだろう。それをできるのは、サードセクターで組織される人たちである。

サードセクターの機能とは、提供されるサービスの物的な基礎にもとづいて（それぞれの地区改善委員会*によって、「積極的な支援」か、あるいは「アリバイ的支援」かは議論されるだろうがいずれにしても)、協同的な社会的絆を直接的に作り直すことにある。こうした機能は、不安定な雇用についていて、分刻みの仕事に追われる民間の賃労働者も、あるいは公務員たちも決して引き受られないだろう。

＊地区ごとに地方自治体、社会的住宅、地区住民の代表者から構成される。その地区の居住条件の改善と経済的困難にある人びとの社会的・経済的参加を手助けする。一九八八年以降、地区改善委員会の全国連絡委員会が発足している（ＣＮＬＲＱ)。

このことがさらにはっきりするのは、家庭向けの新しいサービスが生まれるときである。「家庭向けサービス」は、もっとも親密な私的な生活の中に慎重に導入される。ここではかつての家父長制的で親孝行的な旧い関係に代わって、社会的絆が作り出されるのである。受益者に対し、親孝行的な情熱を少しばかり認めながら、受益者を家父長制による軽蔑や過剰な思い入れから守るためには、ブリジッド・クロフが述べているように、様々な経験、とくに苦い経験を積みつつ、第三者によって媒介される一対一の関係の中で「需要と供給を同時に構築する」必要がある。[14]

要するに、提供される財やサービスに加えて、プットナムの言う「社会的資本[15]」がゆっくりと形成されることになる。すなわち、協同体が誰も置き去りにせずに、自らに責任をもつ能力である。この社会的絆を織り直すことは、サードセクターの法的および税制的な優遇の主要な理由である。このセクターの存在自体だけで、こうした優遇制度の一部を説明することすらできるのである。

「集合的資産」の生産

何らかの活動を通じて地域の社会的な絆が安定化して、それがプットナムの言う「社会的資本」に凝集することは、地域にとってプラスであり、そのことによって広い意味での税制の優遇が正当化されることになる。この考えはきわめて古くから存在する。最近のＰＡＣＳ*をめぐる論争は、家族とは何かをめぐる論争を再燃させた。その結果明らかになったように、社会は、同性愛を含む協同生活を営むカップル内部（ＰＡＣＳ）で、あるいは尊属や子孫（家族）に対して「相互的な保護と援助を誓うこと」によって税制の優遇を正当化しうるとみなしている。カップルが安定化すれば、個人が孤独や社会的排除のリスクを免れることになり、社会がその帰結を引き受けることになる社会不安を低下させることができるからである。

＊一九九九年ジョスパン内閣によって合法化された婚姻契約であり、結婚手続きをしていないカップルあるいは同性愛を対象とする。たんなる事実上の同居と、正式の結婚の中間に相当する。当事者の一方によって契約は破棄しうる。

市場経済のセクターにおいても、協同組合や共済組合は、諸個人がプールして資金を備蓄するので、出資者が交代しても自律性を維持することができ、賃労働者の雇用や利用者へのサービスについても、低コストで対応することができるので、税制の特別措置が社会的に認められている。このような集団的な資本が形成されることは、その会員、すなわち賃労働者と利用者が「自分たちの持ち分を引き取ること」を放棄するという誓約に依拠している（余剰を伴わないような元本を別にして）。ここでも、集団的財は市民たちの集団による意識的な誓約によって形成されている。われわれは、この点について、サードセクターと社会経済の伝統との関係について考える際に再び検討することにする。

最近では、「地域交換システム」（ＳＥＬ）が展開し始めている。個人的な後援を受けて、限られたグループ内で相互的なサービスを提供しあうシステムであるが、多極的な物々交換が地域的な一種の通貨によって制御される。この地域貨幣は、フランに換金可能ではなく、相互的な信頼に基づいているので、これによってサービスや財のやり取りはグループ内に制限される。かくして「地域交換システム」は、各メンバーは少なくとも部分的には生産性の低い財・サービスの提供者から財やサービスを購入せざるをえなくなるのだが、マクロ経済の機能停止に関わるミクロ的経済的な基礎（貯蓄、充足されない需要、そして非自発的失業、これらの同時的存在）を排除することによって、メンバーの生活水準を質的に上昇させることを可能にする。とりわけ、このような商品交換は近隣や仲間の関係の中にどっぷりつかっていて、マルセル・モース的な意味で「全体的な社会的行為」を取り戻しているのである。（諸関係、ノウハウ、そして潜在的な相互扶助という）社会的織布それ自体が集団的資産になっている。

協同組合（Scop）や相互組合や家族とは反対に、「地域交換システム」は、（まだ？）税制の特別措置を享受していない。だが、実はそうとも言えない。実際、主としてＲＭＩの受給者から形成されている「地域交換システム」は、サードセクターの第一原則にしたがって機能している。すなわち、失業に対する受動的な支出の積極化である（そうした支出の内、実際の支出はＲＭＩであり、潜在的な支出は社会保障負担や商業税の免除である）。とはいえ、役所は、「地域交換システム」が生み出す「社会資本」の形成の効果にしたがって、こうした優遇を黙認してきたのである。

最後に、これらの社会連帯的、協同的な社会関係のつながり、そして、エコロジー的、社会的に有益な生産に伴う外的効果（この「ハロー効果」）はほとんどの場合、**近隣的な**効果によってしか相互的に共有されないことを強調しておこう。社会統合のためのレストランの開店は、このレストランが存在する地区にとってしか、共生的効果を持っていないのである。

「請求書に計上できないような」集団的効用を獲得することができるのは、サードセクターの生産単位である個人ないし法人が、特定の人間的関係をもつ協同体によって区別された共通の領土的空間の中に存在しているからである。

世帯、協同組合（Scop）、地域交換システム、地区改善委員会、媒介的アソシアシオンないし社会統合のための企業が集団的効果を生み出しうるのは、それらの参加者が活動する場で共存している場合だけである。サードセクターと空間との本源的関係[16]は、サードセクターの第一の機能条件であり、このセクターを即自的に定義して、他のセクターとの非競争性を保障している。

文化活動と領土空間

文化的な生産と消費の起源は、とくに実際に上演されるような芸術について見ると、教会、ないし封建的あるいは絶対主義的国家といった公的セクターの中に見出すことができる。その後になって、自分たちの「作品」で食べていこうとする製作者たちが出現したのだが、演劇やオペラにしても元々公的な補助を受けていたし、多くの場合、補助を受け続けた。モリエールの『盛名劇団』*は、まず貴族の援助を受けていたし、ついでコルベールの臣下の援助を受けた一種の協同制作だった。というのも、観劇は料金化の対象となったとしても、芝居の創作はそれ自体集合財だったからである。さらに、文化的活動（文化活動とは、固有の意味での芸術的な創造を取り囲むような「ハロー効果」である）は、領土空間におけるコミュニティの存在に深く関わっていた。芝居の鑑賞は、空間的にも時間的にも離れたところで可能であるとはいえ（しかし文化的消費の形態は一定の領域の中に根づいている）、文化活動は集合体から生まれると同時に、集合体に仕えるものである。

＊若きモリエールが他の出資者とともに一六四三年に創設した劇団。一六四五年には財政困難により活動を停止した。

したがって、領土空間が協同的活動の物理的な土台であるとすれば、文化的生産はその「上部構造」であると言うこともできる。「領土空間と文化」の関係は、現在、「地方〔pays〕の政策」によって強められている。ここで「地方〔pays〕」と言っているのは、（例えば、地域の整備と持続的発展と改善のための基本法におけるように）集合体の絆という広い意味での社会活動に基礎を置くようなコミュニティを意味している。[17]

最後に、現代（あるいはポスト・モダンの）社会は、積極的な文化活動に適するような自由時間の増大によって特徴づけることができるが、同時にそこでは、これらの文化活動が市場として、つまり生産のための需要として形成されている。そのため文化は、その協同的性格を、その生産についても（文化的生産は一定の「集団」の中に根づいている）、あるいはその消費についても（作品はたとえ遠く離れたところから運搬されるにしても、複数で鑑賞される）、依然として残しつつも、きわめて成長率の高い経済セクターとなっている。このことはとくに「上演芸術」についてそうであり、芸術的な複製産業（映画やレコード）によって強い競争に晒されているとはいえ、依然としてそうした複製産業の土台であり続けている。

こうした上演の芸術（演劇、コンサート、ダンス、街頭でのパフォーマンスなど）を特徴づけているのは、社会資本の創出（作品の創作あるいは「定番」、リハーサル、稽古など）とその市場化の段階（有料鑑賞）との間で時間的な交代をともなってかなり数多くの人たち（芸術家、スタッフなど）が動員されるという事実である。こうした二元性にもとづいて、モリエール以来、「混合的な資金調達」を用いることが余儀なくされたのであり、その現代的形態が、芸術の断続的な従事者に関する全国雇用保障（Unedic）の協定である。芸術の断続的従事者の地位は、サードセクターのマクロ経済的、ミクロ経済的論理にしたがっているると言えるが、この場合、個人としての資格にのみ関わっているという特徴がある[18]。したがって、とりわけ領土空間性を帯びた文化活動の発展には、「芸術を断続的に生産する法人」の強化が要請されるのである。

一九三〇年代以降、「文化活動」は、「高級な文化」の作品への接近を容易にする運動という第一段階を経て、アンドレ・マルローが文化大臣になって以降、文化政策の制度化、分権化という第二の段階が始まった。こうして、われわれは現在、フィリップ・フルケ（マルセイユの『ラ・フリッシュ・ベル・ドゥ・メ劇場の支配人*』の製作者）の言葉によれば、「文化政策の第三段階」に入っている。そこでは、市民社会（市民、芸術の製作者たち）

が文化活動や作品の集団的な発信者であると同時に消費者として組織される。先の『ベル・ドゥ・メ』のような場は、文化市場の企業の「インキュベータ」である（若者の研修、上演芸術、映画あるいはマルチメディアの小さな生産者たちの苗床）と同時に、庶民的な街に役立つような都市計画の中に統合された文化的中心である。これは、典型的な意味における、文化的効用をもつサードセクターの制度化である。

＊マルセイユの有名な文化活動拠点。かつての工場跡地を再利用している。ラ・フリッシュとは、工場跡地の意味。そして、映画制作、ダンスなど数多くの文化的なアソシアシオン団体に活動場所を提供している。

「複雑な」レギュラシオン様式について

サードセクターの「理念型」を追求する過程で、われわれはすでにその部分的な実現形態について言及した。例えば、社会的＝協同的な効用によって正当化されうるような法人の「混合的な資金調達」である。現在、これらの法人の一般法（とくに税法）の適用免除は、管理当局によってくわしく計算され、正式に承認され、慣例化され、「社会的に規定」されている（ただし、「地域交換システム」は除く）。つまり、企業の場合にはあり得ても、アソシアシオンには例がないことからも分かるように、現時点では、サードセクターが存在するのは、一定の帰属の規準（憲章ないし規約）に照らして自動的に税制の免除を受けるケースに限られている。だが、企業も、アソシアシオンも、こうした監督は免除されえない。サードセクターは公的セクターと私的なセクターの間にすべり込むことになるにしても、「**会計による監督は避けることはできない**」[19]のである。

三つの監督水準

本書の冒頭で述べた問題（「社会的使命をもつ**新しい**タイプの企業の創出の機会」）について回答を急ぐわけではないにしても、このサードセクターのレギュラシオン様式について、つまり、このセクターの社会的使命と社会税制的および法的な特殊性を長期的に一致させるような制度諸形態について考える必要がある。言い換えれば、社会的効用を担うサードセクターの法人がその特権を享受しつつも、私的セクターと競合しないと同時に、公的セクターの使命にも抵触しないようにするには、どうすればよいのだろうか。[20]

サードセクターのレギュラシオンの最初の次元は必然的に**内的**である。このことは、サードセクターの第一の特殊性が意味の追求、すなわち「市民性の発揮」にあることに由来する。このセクターの賃労働者やボランティアは「自分たちがどこにいるか」を知っている。彼らは単なる活動の収入を越えて、自分たちの参加それ自体に意味を感じており、それが、自分たち自身の社会的な再統合であることもある。すでにシュヴァルツ報告が述べたように、**サードセクターの法人の内的権力に賃金労働者やボランティアが参加することは**、必然的な特徴である。

だが、すでに述べたように、サードセクターは、主として、その生産的な効用以外に、潜在的な利用者、つまりある特定の空間にあるコミュニティに対して有する「社会的ハロー効果」によって正当化されうる。**潜在的な利用者の代表も**したがって、このセクターの内部権力に参加しなければならない[21]。これは、「社会的目的」の焦点が当初考えられた対象にはっきりと定まるために必要な保証でもある。

最後に、公的および私的法人は、サードセクターのために自己資本を提供することができる（例えば、市町村とHLMの管理会社は、地区改善委員会に資金を供与することができる）。この場合、莫大になるかも知れないこれらの資本の提供者たちが資本の利用の仕方に対して注意しうる権限をもつことは妥当であるように思われる。[22] このことは公的な出資者に対するサードセクター企業の独立性を害することにはならず（資本提供者は顧客としてではなく、投資者として存在する）、また、この企業の経営への参加が少数派にとどまるのであれば、利害衝突回避の原則や実際の企業経営を侵害することにもならない。

サードセクターの法人の権力は、したがって、マルチ・パートナー的でなければならない。**つまり、ボランティア、従業員（社会統合の過程にある者も含めて）、利用者、そして私的ないし公的な資金提供者、これらすべての代表とパートナーを組むことになる。**その結果、これらの企業の取締役会は、現在の協同組合（Scop）と現在のアソシアシオンのちょうど中間に置かれることになる。ここでは、新しい法的措置、少なくとも法的な再整備が必要になっているのである。というのも、現在の協同組合（Scop）に関する規定は、ボランティアや利用者に何の権限も与えていないし、アソシアシオンの規約は、その管理・運営に関して賃労働者に対して（「公平な」経営を目指すという理由で）最低限の権利しか付与していないからである。

だが、このような内的な管理だけでは、ある法人がサードセクターであるとは自動的に決定できない。**レギュラシオンの第二の次元はセクターレベルで、**「同業者によって」実施されるだろう。その憲章もしくは（複数の構造がある場合）複数の憲章によって、あるいはそのネットワークによって、あるいは国民的、地域的、ローカルな評議会を通じてその法人のプロジェクトがサードセクターに正しく帰属するかどうかを確認し、認証し、その発展を支え、近隣の法人との競合性を確かめて（規約と地理的観点から）、その社会的使命との適合性を検証して、最後に、公的な機関（とくに徴税機関や社会保障負担の徴収者に対して）に対すると同時に私的な機関に対して法人のサードセクターとしての地位を保証するのは、セクターそれ自体においてである。

かくして、第三のレギュラシオンの次元にわれわれは直面することになる。すなわち、他の二つの経済セクターとの接点の問題とサードセクターに対する税制の優遇によって激しくなる権限をめぐる争いの問題である。雇用といった下部レベルで、あるいは（地域のような）より上部のレベルで、公的権力が介入できるような仲裁的な機関を用意しておく必要があるように思われる。この機関は、あるサードセクター企業が他の私的な法人との不正な競争に陥らないように活動を見直すよう指導したり、あるいは市場の分割や権限の共有を勧告する役割を果たすことになる。これらの三つのセクターが相互に併存することによって引き出すことができるメリットを知っていればいるほど、この仲裁機関はうまく機能しうるだろう（このような経済のあり方をわれわれは、「連帯経済」と呼ぶこととなる）。これら三つの経済的セクターの相違、つまり、三つのセクターを共存させるレギュラシオンの土台をなす相違についてさらに分析することにしよう。

三つの経済セクター間の限られた競争

最初に述べておくべきことであるが、三つのセクターの経済活動が重複することについて原則的な反論は存在しない。すでに、このような重複は、公的セクターと私的セクターの間では、保険、運輸、教育、住宅、文化などほとんどの部門において普通になっている。しかしそうした中で、サードセクターの競争は、その性質からして強く制限されている。

まずサードセクターと公的セクターの間の第一の競争の問題がある。サードセクターが活動を拡大することは正当であるので（それは、その正当性を強めるためであると同時に、失業者の最終的な社会統合という使命を果して、雇用を純増させるためでもある）、国家による保護という国家の伝統的な役割を侵食しようとする（さらには、夜警国家の役割、つまり公的秩序の維持という国家の機能にまで及ぶことになるが、これらの機能は、数多くの「中間的存在」が直面した曖昧な領域である）。その場合、公的セクターの従業員は高い身分保障を得ているので、はるかに柔軟な雇用を提供して、しかも同じ分野、同じ地域で、ときには同じ建物の中で活動し、さらに同じような使命をもって活動するようなセクターが成長するのを苦々しく思うだろう。そして、公的セクターの労働組合は、これを公務員の雇用を不安定化させるための策略ではないかと思うだろう。

公的セクターの賃労働者と管理者に対して、まず、サードセクターは公的セクターとはまったく異なった使命を担っていて、「運動」としての要因を含んでいるので行動の規準もまったく異なると答えねばならない。たしかに、こうした職業倫理は、教員や、公的医療の従事者、要するに大半の公務員にも存在している。このような職業倫理は、第三共和国の「黒衣の騎兵隊*」にルーツを持っていて、例えば、教師がボランティアで市長の秘書になったり、生徒の補習を引き受けたり、福祉の仕事を手伝うことは当たり前だった。だが、現在では、もはやそのようなことは当然ではなくなり、大多数の労働組合員にしてみれば、「その方がよい」というわけである(23)。たしかに公的セクターはそれ自身「協同的な」使命を持っているが、サードセクターとの競争によって、自己を変革するよう余儀なくされるだろう。だが、公的セクターの柔軟性の欠如こそが先に述べたような「空白」を生み出している部分的な理由であり、このことは、公的セクターの法的資格（統一的な試験による採用や年功制による昇進は政治的圧力に対して公務員を擁護している）や公的身分の普遍性の原理を通じて獲得された厳格性の対価であることを公的セクターは熟知している。だが、公的セクターが望まず、また出来ないからといって、他のセクターがそれを行うことが妨げられるわけではない。

＊第三共和国の騎兵隊は、黒のブラウスの優雅な兵服を着用していた。かつてペギーは「小中学校の教師は、共和国の黒衣の騎兵隊である」と述べた。一八七一年、共和国が復活したとき、なお教会の影響が強かった農村の人々を教育するために、公共教育制度が設立された。小中学校の教員たちはしたがって、グラムシ的な意味での「小知識人」であると同時に、君主制や教会勢力と闘う世俗的な共和国の伝道者だった。そして、普通の農民にとり、教師になることは共和国の公務員制度のおかげによる社会的な昇進の典型であった。したがって、教員は、社会を明確に政治的に方向づける場合、社会的土台となる社会集団の典型であった。

サードセクターが理解すべきであるのは、**サードセクター自身の賃労働者が共通の労働法のルールにしたがっていればいるほど、**公的セクターの労働組合によって自らが「脅威」と見なされるリスクは小さくなるということである（ただし、厳密に言えば、「保護された雇用」の法的資格に含まれる特定の勤労者である重度の社会的弱者は除く)。サードセクターの税制的な優遇は、このセクター、企業単位、雇用ポストの特殊性に関わるものであって、サードセクターの雇用者の特殊性に関わるものではない。極端に言えば、賃労働者がサードセクターで働く場合、彼は雇い主が税制の優遇を受けていることを知らずにいてもいいのであって、それは建設部門の労働者が、自分が建設しているものが公的補助を受けた公共住宅であるかどうかを知らずにいてもいいのと、同じことである。会計担当者だけが知っていればよいのである。

このように説明したからといって、**利益を目的とする市場セクターが抱くような「不正な競争」という意識**から何ものも取り除くことはできない。新しいサービスが社会的に認知されるや否や、私的セクターもまたこのサービスを提供できると主張するだろうし、そのためにはサードセクターにおける供給が享受しているのと同じだけの公的補助が需要に対して与えられればよいと主張するだろう。

このような反論は相対化されるべきである。社会的需要が有効需要にならないからといって私的セクターが手を引くのであれば、私的セクターがこれまで無視してきたような分野でのサードセクターとの競争によって私的セクターが不利益を被るわけではない。私的セクターはせいぜい潜在的な機会を喪失するだけであり、現実的な損失を被るわけではない。

再言することになるが、根本的に言えば、サードセクターと私的セクターは、とくに利用者との関係において同一の論理にしたがっているのではない。サードセクターの賃労働者は、「時間を浪費」してまでも社会的な絆を築かねばならないが、私的セクターの勤労者は、「高級財」を扱う場合を除けば、そのようなことはありえない。

例えば、家庭における補助的介護のためのアソシアシオンの例を取り上げてみよう。すなわち、独居生活はできるけれども、買い物や家具の移動などの肉体的な行動ができない人びとのケースである。このような分野で高い成長率が約束されているのは、平均寿命が延びているからであり、また、社会の個人主義化が強まっていて、大家族が崩壊し、世代を超えた同居もますます稀になっているからである。したがって、サードセクターがもたらすのは、家族的な相互扶助関係の代替物である。この代替的なつながりは、もはや家父長的な依存関係は伴っていない（もはや「年寄りがいるから」、あるいは「遺産が欲しいから」という理由で彼らの世話をするのではない）が、できれば献身するにしても「人間としての暖かさ」に似たようなものからなされる。高収入のある老人は、自分の世話をしてくれる女性に給料を支払うことができるだろう。だが、CCAS〔フランスの全国的な社会活動組織〕が担当している老人向けサービスの市場を獲得してしまった企業なら、従業員が顧客を訪問する時間を節約する誘惑に勝つことはできないだろう。だがサードセクターの企業であれば、収益性の制約を受けないので、その反対に、従業員に対して訪問先で必要なだけ時間を過ごすよう指示することができる。(24)

最後に、民間企業（例えば手工業企業）がサードセクターの企業によって不当な競争にさらされていると考えるのであれば、この民間企業自身がサードセクターと同じ憲章と使命を受け入れることによって、サードセクターの企業に変身することも可能である。それは不可能ではないのであって、企業内の権力の問題と投下資本への報酬の問題をクリアすればよい。

すでに述べた理由にしたがって、サードセクター企業の管理を投下資本の所有者だけに委ねることは不可能であるように思われる（後に述べるように、この問題は、協同組合（Scop）にも関わっている）。だが、投下資本への報酬については考えてみることが可能である。

「非営利性」という規準はサードセクターの本質的な規準なのだろうか。税制の「特別措置」を付与されているので、利益を配分したり、さらに営利的な「目的」を追求する権利をサードセクターに与えることは難しいように思われる。とはいえ、このことは別にそれほど大きな問題ではない。すでに民間セクターでさえ、数多くの公的補助や税制の優遇を受けているのである。

最高裁判所はずっと以前から「非営利性」を「利益を生まない」ことと定義しているのに対して、最近の財務省通達によれば、アソシアシオンには黒字を計上する権利が承認されている。ただし、この黒字は同一の社会的目的にしたがって再投資されねばならないし、経営は「利害関係の回避」を保たなければならない。これは決定的な点であるが、われわれにとっての問題はその先にある。はたして、サードセクターは報酬を期待する民間資本を受け入れることができるだろうか。これはほとんど問題がないと私は考える。ただし、この場合の資本はサードセクターの企業、あるいは（ちょうど協同組合のように）その従業員が所属するコミュニティから生まれた資本であって、そしてごく標準的な報酬だけを期待するものでなければならない。言い換えれば、現在のグローバリゼーション、年金ファンドの支配、そして企業ガバナンスから生まれるような高報酬を期待すべきではない。現在の社会危機がこうした資本の高報酬の規準と直接的な関係を持っていると考えるのであれば、民間資本が同じ規準をサードセクターに要求することは間違っているように思われる。むしろ、このような民間資本の投下は基金への協賛とみなされるべきだろう。

したがって、サードセクターは「市場的」であるだけでなく、部分的にせよ「営利的」でもありうるという考えに行き着くことになる。すなわち、それが一定水準に限定されたものであるかぎり、**サードセクターに対し自己資本の報酬も、経営者の報酬も認めることができる。**こうした限定的な報酬、そして税制の優遇という考えは、マル優貯蓄にも適用されている（マル優貯金、住宅貯金、株式投資信託など）。だが、現時点では、非営利性の概念は緩和されているにせよ、明らかに営利的な協同組合（ただし、その営利性は限られていて、資本を清算して剰余利益を生み出すことは禁止されている）を除いて、報酬を期待する資本の参加は禁止されている。かくして、「シガール」[25]は、地域的なアソシアシオンに資本を供与できない。その結果、サードセクターは、大半の場合、アソシアシオン的形態を選択するのであり、八％以上の高い金利を支払って銀行から不動産のための資金を調達しなければならない。だが、サードセクターの活動舞台となるようなコミュニティの中には、マル優や「シガール」が示しているように、はるかに低い利回りで投資するような潜在的な受益者たちが数多く存在しているのである[26]。

サードセクターの「運転資金」を社会的に支えるような社会税制的優遇に加えて、サードセクターの自己資本の調達の仕方について研究しなければならない。その場合の資本参加には、基金による参加についても、あるいはマル優的な貯蓄の参加についても、**報酬がともなうが、ただし法的に規制された報酬**にとどまるのである（シガールとサードセクター向けの投資信託）。

注

（1）セクター〔secteur〕は、原料の共通性（「鉄鋼部門」）や、製品の共通性（「民間航空部門」）などを指す。具体的な労働の特徴を共有する活動の全体を意味する「部門〔branche〕」とは区別される。とはいえ、セクターにはこれとは異なる位置づけ方もある。統計家たちは、主として同一の部門で生産している企業の全体を意味するために「セクター」という言葉を使うことがある。だが、（コリン・クラークが行ったように）経済活動を三つの「セクター」（第一次、第二次、第三次セクター）に分類する古典的な分析も存在する。本書では、このような古典的区分について副次的にしか言及されない。強いてこのような区分に従うとすれば、ここに言う「サードセクター」は、第四次セクターとして発展すべき性格を有している。Roger Sue, *La Richesse des hommes, Vers l'économie quaternaire*, Odile Jacob, Paris, 1997 参照。

（2）とりわけ社会的分野における、フォード主義モデル、その危機と展開について、次の文献を参照のこと。Alain Lipietz, *La Société en sablier*, La Découverte, Paris, éd. Augmenté, 1998.

（3）サードセクター概念は数多くの人びとによって国際的に練成された概念であるが、ここでは、次の文献を引用しておこう。Jean-Louis Laville, *Une Troisième Voie pour le travail*, Desclée de brouzer, Paris, 1999.

（4）われわれは、税や社会保障負担の免除や補助金を意味するために、「社会的税制的」な特徴（特権）を取り上げている。マクロ経済的に言えば、公的支出主体全体（中央・地方政府＋社会保障関連機関）の生産諸単位への財政移転が問題になっている。たしかに、公的支出全体をひとつのブロックとしてみなすことは不可能である。社会保険庁に対して一定の事業所への社会保障負担の免除を「命令」できないので、国家はこうした免除をカバーすべく「補助金」を与えることになる。

（5）たとえば、Jacques Nikonoff, *Chômage : nous accusons !* Arléa, Paris, 1998を参照。

（6）次の文献を参照。Roberto Esposito, *Comunitas. Origine et destin de la communauté*, PUF / Collège international de Philosophie, Paris, 2000.

（7）K・ポランニーによれば（*The Great Transformation*, Beacon Press, Boston, 1944）、経済システムは、交換、再分配ないし互酬性という三つの原則に従って各人の行動を社会化する。

（8）一七九一年六月一七日付ルシャプリエ法は、同業組合を廃止した。そして、一七八九年八月二六日付人権宣言は、アソシアシオン結成の権利について言及していない。アソシアシオンの権利は、刑法（一八一〇年）によって二〇人に限定されている。それに対して、株式会社は一七九五年一一月七日付の（一八〇七年に補足）法律によって承認された。

（9）したがって、今日の危機の中に「賃労働社会の危機」しか見ないことは間違っている。前掲、*La Société en sablier* 参照。

（10）「報酬を与える〔Ré-munérer〕」もまた、ミュニュス〔munus〕の派生語である。それは、各人の提供するサービスに対してコミュニティが与える報酬である。これに対して「支払う〔payer〕」は、パガレ〔pagare〕に由来する。これは、平和を守るために、寄付、貢物を捧げることを意味する。交換（支払い）が社会的暴力を中断することによって、互酬性が社会的な繋がりを安定させるのである。

（11）社会統合のための企業とアソシアシオンは一定の条件が課されているので、再就職は経済戦争においていっそう困難である。J・ロルティオワが指摘しているように、社会統合のための企業とその賃労働者は、ナポレオンが指揮した戦いで屈強に訓練された手榴弾兵よりも先頭に配置された小柄な鼓手たちに似ている。われわれは、活動主体の側の視点について検討するさい、この特殊な困難さに立ち戻ることになる。J. Lorthiois, *Diagnostic local des ressources*, W. Mâcon, 1996.

（12）建設業における社会統合のための一定の企業のように、このセクターの一定の部分は、ほかのセクターの役に立つような「協同的な研修センター」としての機能以外の社会的有効性を持っていなくてもよい。

(13) 賃労働者が不安定化する中で、個人向け補助が悪い効果を生み出すことについて、前掲、La Société en sablier の第一章を参照。

(14) B. Croff, *Seules. Genèse des emplois familiaux*, Métailié, Paris, 1994.

(15) ロベール・プットナムにとって、社会資本とは、地域の自治体や協同体にとって利用可能な資源を意味する。それは、真の集合的固定資本である。だが、プットナムは、とくに近隣の相互扶助的ネットワークやそれらの機能停止を防止するような地域の日常活動、協同体的活動など、集合的な投資を明らかにしている。以下を参照のこと。R. D. Putnam, « Le déclin du capital social aux États-Unis », M. Lévesque et D. White, « Le concept du capital social et ses usages », *Lien social et politiques –RIAC*, n° 41, printemps 1999（Québec）.

(16) それに対して、共済組合や消費者生協は、セクター横断的な連帯を構築する。

(17)「地方〔pays〕」は「パンゴ〔pango〕」に由来する。後者は（木を）植える、（境界を）固定する、そして（協定を）築くことを同時に意味した。ポール・ロワイヤル辞典によれば、「地方（故郷）〔pays〕を有する者は祖国〔patrie〕を必要としない」。「一地方の文化」はそのルーツではなく、実践のなかに根づいている。例えば、アルジェリアのオランで生まれた音楽ライ Raï は、フランスの大都市近郊の文化になった。

(18) 具体的には、芝居の断続的な従事者は、芝居が「生産される」時期には、たんなる失業者よりも十分に補償されている。このことは、この従事者がたえず社会資本を生産し発展させていることから生じている。もし契約の終わりとともに芸術家が全員姿を消すのであれば、文化産業自体が崩壊することになるだろう！　このような明白な理由にもかかわらず、そして、テレビ局のように、基盤のしっかりした芸術会社が断続的な従事者を頻繁に雇用しているにもかかわらず、彼らの地位はつねに問題となる。それは、サードセクターの資金調達が問題となるのと同様である。

(19)『教育と将来のための研究グループ（GREP）』が発行する雑誌である『プール』の旧版のタイトルによる。

(20) ここで税当局もまたまったく同様の問題を提起していたことを付記しておこう。

(21) すべての「受益者」が必ずしも「潜在的に能動的な利用者」であるわけではない（例えば、精神的障害者の場合がそうである）。だが、公共サービスの「受益者」を公共サービスの管理に参加させるための努力は、大半の政治家や官僚が考えているよりもさらに広汎に及びうる。

(22) 勤労者の宿泊や社会的ツーリズムなどの管理のためのアソシアシオンが不幸にも示した目的の悪用に関する最近の例は、公的資金によって賄われた莫大な不動産資本委託に対して一定のコントロールを課すことが有益であることを示している。

(23) 公共サービスの協同的な倫理へのノスタルジーとその再評価への抵抗（なかば正当であり、なかば「官僚的」である）は、ベルトラン・タヴェルニエ監督の映画（*Ca commence aujourd'hui*）（一九九九年上映。労働者の家庭に生まれた小学校の校長が理想の教育と学校教育の現実とのギャップを自覚していく過程を描く。ベルリン映画祭審査委員賞受賞）で浮き彫りにされている。

(24) 繰り返すことになるが、以下の前掲書を参照のこと。Brigitte Croff, *Seules.* 本書はこの点についてとくに明解である。

(25) シガール（Cigales）とは、貯蓄の代替的、地域的な運用のための投資クラブの略称である。「蝉〔Cigales〕」は、株式市場の投資クラブ「蟻〔fourmis〕」に対抗して創設された。

(26) ノール・パ・ドゥ・カレ県の連帯金庫の七〇%の株主は、配当〇%の報酬を選択した。

第2章

社会経済、連帯経済、サードセクター

「サードセクター」。やはりこれには名前が与えられるべきである！　われわれが以上で分析したように、サードセクターは、その活動の特殊性（それぞれの生産やサービスに後光を与えるような「社会的ハロー効果」）の中に正当化のための理由を見出しうるような一定のレギュラシオン様式（市場的なものと公的なものの「混合」）によって特徴づけることができる。こうした活動の特殊性は、「**サードセクターの使命は何か**」という問いへの答えをなしており、われわれが「協同的」あるいは「社会的、エコロジー的効用」（文化的、地域的など他の「効用」を付加することもできた）と命名してきたものでもある。本書を執筆している間に、「社会連帯経済」をめぐってついに合意が形成された。つまり、一九八〇年代および一九九〇年代において競合していた「社会的」、「連帯的」という二つの用語が統一されたのであり、これらの用語に「サードセクター」を加えた三者間の関係を解明する必要がある。

社会経済

社会経済という言葉はずっと以前から使用されていて、その意味もはっきりしている。この言葉の中身は、これをどのように行うのかという問いへの答えによって定義される。つまり、これは、共済組合、協同組合、そしてアソシアシオンという三つのタイプの法人によって組織されるような生産活動の全体を意味している。これらの団体は、一九世紀を通じてその存続のために闘った。フランスでは、一九世紀末にこれらの団体は一連の法律によって認知された（それらの最後の法律が、一九〇一年の有名なアソシアシオンの自由に関する法律である）。そして、それらの法律は第二次世界大戦後に強化され、そして一九八〇年代初めにロカール法という同一の法的枠組の中に統合されたが、このロカール法では、社会経済という用語が法的に定義されている。実際には、一九世紀末に共済組合、協同組合、アソシアシオンという三部作の三つの柱は、労働組合と同一視されたのであるが、それは、「労働者アソシアシオン主義」という長い蒸留過程を通じてのことであった。「労働者アソシアシオン主義」とは、ルシャプリエ法、資本家的企業、そして国家への庶民の対応の産物であった。そして、その（労働組合と共通するような）坩堝となったのは、労働組合センターだった。[1] 一九世紀にすでに「社会経済」という言葉は登場していたが、その意味はもっと広いものであった。シャルル・ジッドの作成した「一九〇〇年の万国博覧会の社会経済のパビリオンの報告」は有名であるが、その中で彼は「社会問題」を取り扱うような団体をすべてこの中に含めている。彼もまた社会経済の三つの柱を区別しているが、それは先の区別と同一ではない。

①アソシアシオン。これは今日われわれが「社会経済」と呼んでいるものであり、「植物学者が研究する植物の群集と同じように花盛りである。」

②国家。つまり公的サービスと後に福祉国家となるもの。

③資本家団体。つまり、資本家の慈善団体（ジッドが述べているように、資本家の慈善団体はますます控えめな形をとるようになり、資本家は以上の二つの集団に所属するようになる[2]）。

さらに付言しておけば、「既存の」社会経済を表現し、調整している機関は（共済組合、協同組合、アソシアシオンの地域別組織のように[3]）、いずれもＭＣＡ（共済組合（mutuelles）、協同組合（coop）、アソシアシオン（associations）のそれぞれの頭文字の略語）ないしCMA（同様に、協同組合・共済組合・アソシアシオンの略語）というトレードマークでこれら三者の関係について言及している。さらに、EUレベルで社会経済の構成要因が列挙される場合、必ず、上記の三者に加えて「財団法人（fondation）」が挙げられることを指摘しておこう。だがフランスの社会経済では、財団法人、そして資金調達のための組織が一般に脆弱である。この欠点は、ロカール法の中で三者の資金調達を相互に組み合わせることによってとりつくろうとしたが、実際にはきわめて不十分だったのであり、この点について後に言及することにする。

何が社会経済という統一体を形成しているのだろうか。歴史的な起源に加えて、次のような明示的なルールの全体が、それを形成している。

①「一人一票」の運営原則。

②余剰資産の非配分原則。

③営利性の限定。

最初のルールが人目を引くが、社会経済の中での権限は、資本の供給によってではなく、加盟した人間によって規定される。このことによって、**社会経済という用語が正当化され**

るのである。その場合、「社会的」という表現は、そのラテン語における語源（ソシアス〔socius〕、同盟者、協力者）を想起させるのであり、また、「合名会社」と言われることもある。(4)社会経済とは、何よりも先ず協同の事業において相互に協力しようという人びとの自由な意思であって、この事業は必ずしも経済的な目的を有しているとは限らない（一九〇一年当時のアソシアシオン団体の大半は経済的目的を持っていない）が、民主的な原則にしたがって自分たちの団体を管理するよう決定している。歴史的には、社会経済は企業の「株主」とは別な形で結社を作り、外的な権限による協力を得て、「同市民」あるいは「賃労働者」として相互に協力しようという意図から発生している。

第二のルールもまたルソー的であるが、協同事業の産物の一部分は少なくとも、メンバーによる領有あるいは譲渡の対象になりえないことを規定している。最初の資本提供の有無に関わらず（この点で、協同組合と共済組合は対立する）、組織はしだいに自己資本を獲得するのであり、その結果、自律的に存在するための土台が築かれ、組織の創設者あるいは継承者の死去あるいは脱会に関わらず、組織は維持されることになる。経済的なレベルでは、その始めから社会経済の事業は「社会化」されていて、協同化されている。会計的な意味での社会経済の社会的資本とは、まさにプットナムの言う社会的資本である〔第1

章、注（15）参照）。

第三のルールは、第二のルールを代償的に補完している。第三のルールが基本的に意味しているのは、アソシアシオン団体の目的は、アソシアシオンによって生活条件の改善や収入を獲得することができたとしても、メンバーにとっての利益ではなく、事業に課された社会的企図にある、ということである。明示的に表現されているにもかかわらず、このルールは歴史の中で次第に柔軟な解釈を受けるようになった（このルールはいつも強制的であったのではなく、協同組合は利益をあげて会員に利益を配分することもできた。協同組合は法的には「営利」団体であった）。二〇世紀初めには「非営利的」とは「利益を出さない」ことを意味していたが、現在の解釈によれば、すでに述べたように、「利益を出すことができるが、その利益は組織の社会的目的のために再投資される」という意味である。現在では「公正な管理」という新しい言葉がしだいに定着しつつある。「利害関係を越えた経営」とは、組織の管理者が自分の能力や仕事に相応しい「正常な」報酬を受け取ることができても、自分のために、あるいは第三者のために利益を出そうとするのではないことを意味する(5)。

この第三のルールは、第二のルールと関連しあって、市場経済の中で社会経済の占める位置を規定している。社会経済はまったく市場的であって、財やサービスをその会員にも非会員にも販売している（少なくとも協同組合や共済組合がそうであり、経済活動を有するアソシアシオン団体もそうである）。競争の分野で社会経済を区別するのは、社会経済が利潤の獲得という原理にしたがって行動していないことである。この点に関して、「非合法的な競争」であるという反論を社会経済に対して唱えることはできないが、利益率（社会経済の場合、ゼロかきわめて低水準）をどう選択するかは、市場経済の起業家にとって絶対的な特権である！

連帯経済

一九四五年のフランスの解放の後、社会経済は福祉国家の形成の中で大きく変容し、手段化されることになる。まず、医療社会保険の資金の全面的な調達が問題になっているわけではないところでは、共済組合は福祉国家の重要な補完者となった（農業共済組合）。そして、医療サービスや社会的な観光旅行の供給は、しばしば「一九〇一年の法律」によるアソシアシオン団体の形態をとった。最後に、生産に関わる協同組合は、この時代の経済的発展の「フォーディズム的な」論理に自らしたがったのであり、他方では、銀行の協同組合は、この経済発展モデルのセクターごとの資金調達をためらうことなく担当したのだった（とくに「農業金庫」は最大の協同組合であった）。したがって、世論が社会経済を一種の「国家の下部装置」とみなすことになっても不思議ではない。そして、社会経済の倫理的特性――社会経済の出現の当時支配していた公共的かつ連帯的な精神――が次第に弱まることになっても不思議ではない。

したがって、一九八〇年代に入ると、フォーディズムの危機とともに福祉国家が次第に弱体化して、「制度化された」社会経済が化石のようになってしまっても、なおさら不思議ではない。たしかに若干の倒産した民間の企業は協同組合として生き残った[6]。そして、共済組合は、社会保険制度の管理者たちが決定した「医療費の払戻の取消」を埋め合わせるべく、補完的な医療費の払戻を遂行せざるをえなかった。だが、フランスではこうした小手先の手直しは、旧来の装置の危機に対していかなる制度改革ももたらさず、フォーディズムという古典的な賃労働関係の中に「統合」されている賃労働者たちだけに利益をもたらしたのだった。かくして社会的排除をむしろ助長しかねない状況が生まれた。すなわち、社会保障制度に対して権利をもてるほどに、あるいは共済組合の分担金を支払えるほどに、長期間、正常な賃労働関係の中で働けない失業者や不安定雇用者が増えたのである。

したがって、市民社会の中で生まれたフォーディズムの危機への対応は、必ずしもつねにというわけではなかったが、社会経済という法的形態を取り、別の制度、別の名前の下に行われた。これはまず、「代替的経済」という形態をとった。

代替的経済という構想は、新しい社会運動(労働組合や一九六八年世代の次の世代にルーツをもつ)に由来し、エコロジー、地域の発展、ひと言で言えば「社会的な効用」にあり、内的な活動形態として自主管理を掲げ、国家の後退や民間における雇用の削減に対して、「もうひとつの」生き方、働き方の実現を目指す。「代替的経済」という名前もそこから生まれた。一九八一年には、「代替的な経済を発展させるための連絡機関」(アルデア Aldéa)が設立された。アルデアは、アソシアシオン的な、協同組合的な生産団体の設立を支援する際、職人的な生産や株式会社に資金援助することに躊躇しなかった。この目的のために、アルデアは、それ自体はそれほど「代替的」でもない既存の法的形態である投資クラブを通じてベンチャー企業に投資したが、これは、代替的経済の本来の精神からの逸脱でもあった。すなわち、一九八三年に設立された「貯蓄の代替的でしかも地域的な運用クラブ(「蝉」

〔Cigales〕)」という当初の目的から外れていたのだった。一九八五年には、フランス全国の規模を有する資金調達のための協同組合団体である「ガリグ〔Garrigue〕」が生まれて、そこに社会経済のいくつかの組織が加わることになった。だが、低価格での資金を提供できなくなり、ガリグは限られた役割しか果たせなかった（とはいえ、この組織のおかげで、エコロジーの研究機関であるイネステネや、スコップ・アルドゥレーヌ、公正な流通会社であるアンディーヌ〔Andines〕、社会統合のための最大の組織のひとつであるターブル・ドゥ・カナの資本参加を実現できた）。

「**代替的」という意味はその設立の精神に関してであって、その法的形態に関してではない**ことがわかる。この「代替的」という意味に内容を与える価値として（「別な仕方で」というだけでは、「サード」セクターと同様に曖昧である！）、**連帯**および**自律**が候補となった。[7]（準国家的な連帯の後退や、個人主義、そして自由主義の台頭が加速するという）状況が反動として、「連帯」という言葉を前に押し出した。一九八五年、失業保障のための負担金を増大させないために失業者の保障を削減しようという失業保険組合の協定に憤慨して、活動家たちは失業者のための雇用を生み出すために、所得の一定割合を拠出するためのアピールを掲げた。それが、**連帯的な雇用**の出現だった。アルデアと「連帯的な雇用」

が合併して、一九九一年、**代替的、連帯的な経済のためのネットワーク**（レア〔Réas〕）が出現した。レアは、協同組合の形態で組織化され、現場から生まれる起業的な意欲、「代替的で連帯的な」イデオロギー、つまり、一定の価値によって定義されたものに答えるための連絡事務組織として機能した。一九八三年夏、雑誌『トラヴァイユ（労働）』は、「連帯経済」の特集記事を掲載した。そこには、代替的、連帯経済の主要な理論家、実践家が数多く登場していた。アリーヌ・アルシムボ、アラン・カイエ、ベルナール・エム、ベルナール・アンジョルラ、ジャン・ルイ・ラヴィル、パトリス・ソヴァジュ、そして、近隣サービスの発展のための団体である。カナダのケベックの経験を語ったルイ・ファヴロだけが「協同的発展」という名称を主張していた。

レアは、当時、多様な経営組織のような他の代替的な管理組織、地域交換システムや相互的な知の交換ネットワークのような他のタイプのネットワーク、また当然のこととして、モーリス・パガの率いる失業組合——後には「反失業全体行動」になり、レアはこの組織とさまざまなデモを組織することになる——のような萌芽的な失業者の組織にも合流していた。これらの運動が「非国家的[8]」であることははっきりしていたし、制度化された社会経済に対しても明らかに距離を取っていた。だが、その後、国家の方でも、社会経済の方でも状況は変化することになる。

社会経済の側では、これらの新しい運動によって競争が起こったために、至るところでもともとの絶対的信念の記憶が蘇っていた（とくに、協同組合組織〔Scop〕のなかで、さらにいくつかの共済組合のなかでも）。代替的経済、連帯経済の方に資金を提供したり、権限を委譲するのに社会経済の人々も少しずつ嫌な顔をしなくなった。

国家の側では、一九八二年に**若者の社会的、職業的統合**に関するベルトラン・シュヴァルツの報告が公表されたことによって、混合的資金調達（市場的資金調達に加えて、公的補助ないし税制特権が付与される）にもとづく「社会的効用を有するサードセクター」の理論的土台が形成され、中間的企業の実験（一九八四年）によるサードセクター実現の試みや、雇用のための地域レベルでの実験もなされた。国家は、（主として都市周辺の若者を対象とする）社会的排除に対して闘っていて、さまざまな社会的アクターと契約的な関係を保ちながらこれらのアクターの自律を支援していた。この新しい動きは、「都市政策」に関する会議の場で、金銭的要求と手段化の拒否、という古典的になるモットーを現場のアクターたちの間で醸成することになる。（ルーベックスのアルマ・ガールの経験から生まれた）地区改善委員会の運動の発展は、おそらくこれらの新しい社会的な革新のもっとも見事な例である。だが、社会統合のための企業の運動や中間的企業的なアソシアシオンも、自律と協力という同一の精神から生まれているのである。(9)

一九九〇年代末ごろになって、連帯経済の主張者たちも、かつての社会経済と同様に、仕方なしに、また公的補助金や特別措置を要求することによって、国家、とくに地方政府の枠内に取り込まれることをもはや気づかずにはいられなくなった。そこには、「新自由主義にもとづく社会政策」に向かう世界的な傾向の中で、福祉国家に代替する救命袋のような役割を押しつけられるのではないか、という不安が存在した。世界銀行は第三世界でその例を示していた。現地のNGOに補助金を与えて、国家がもはや果たそうとしないし、家族も望まないし、教会も嫌がるような役割を代替させていた。つまり、貧困者の面倒を見ることである。(10)

こうした不安に対して、連帯経済の本質は、ともかく、イニシアティブが何かを行うことを決意した市民から発生しているという点にこそある。そうしたイニシアティブが生まれるのは、彼らが完全に社会的に排除されたり、絶望的になっておらず、個人としての行動の中に、社会的繋がりを強め、社会的資本を蓄積し、環境を改善し、自分たちの隣人を守る(良き隣人をもつことはもっとも重要な資産である)ことが社会全体にとって、したがって彼ら自身にとっても有効であるということを統合しているからである。**連帯経済を定義するのは**、したがって、「**何のために行うのか**」であって、（どのような法的資格にしたがって行うのかという）**形態の問題でもない**し、（「**行うことの特殊性は何か**」という）**特殊性の問題でもない**。

レアは、徐々にこのような成熟過程を理論化することになる。地区改善委員会や近隣サービス発展のためのアソシアシオンにともなって、**連帯経済のための相互ネットワーク**が形成されることになる。そして、レアは、連帯経済のパートナー的な発展という課題に取り組み、全体として新しいサービスを提供して雇用を増やすべく、私的セクター、市町村、市民、政府、これらのイニシアティブの間のシナジー効果を生み出すため、自治体との契約数を増やそうとしている。シュヴィリ・ラリュ〔パリ郊外南部のコミューン〕での会合に続いて、「**連帯経済のためのコミューン・ネット**」が創設された。こうした「連帯経済と地方政府」との契約化は、私的セクターの善意に基づくアクターたちを取り込みつつ、より高度なレベルにおける、制度的な成果を得た。それは、一九九二年にマリー＝クリスティーヌ・ブランダンがノール・パ・ドゥ・カレ県の地方議会議長に就任したときのことであり、彼女の組織する**雇用のための会議**は一九九五年に大きな高揚を迎えた。そして、多様な企画が立案されたが、それらの大半は、すぐさま運営上の問題、あるいは資金不足の問題のために頓挫した（年当たり、約四〇〇の企画が実現しなかった）。そして、公的補助や公共財の出資に対する規律がますます厳しくなったので（サパン法、競売によるルール）、地方自治体も、これらの民間のイニシアティブに対する財政的援助を引き受けられなくなった。

一九九七年、地方議会は**自律と連帯**という連帯的なベンチャー・キャピタルの協同組合のイニシアティブにもとづく「ノール・パ・ドゥ・カレ連帯信用」の設立を支援することを決めた。この連帯信用の推進者であるクリスチアン・ティガは、連帯的な資金調達に相応しいものを集め始めた。バランスシートはかなり貧弱なものだった（とはいえ、二年間で、この連帯信用は、五〇倍小さい資金でトヨタのヴァランシエンヌ工場の計画を上回る雇用創出に出資することができた！）。ここでも、すでに述べたような根本的問題に出会う。すなわち、フランスの連帯経済における資金不足問題である。このことは、連帯信用の上位二九番目までの株主のリストを見れば、よくわかる。すなわち、地域のシガール（蝉）クラブ、自律と連帯、レア、CFDTの地域組織、ライオンズ・クラブ、預金公庫、人間の進歩のための財団、スコップの地域組織、それから協同組合信用である。これらの「協同組合銀行」がフランス中央銀行の同意を取り付けて出資するわけである。これらの機関がリストのすべてであり、国家と企業を除けば、自由処分可能な資金は制度化された社会経済の金庫の中にこそある……

かくして、社会経済と連帯経済の見合い結婚が目論まれることになる。ところが、同じ時期に、恋愛結婚の兆しが現れる。一九九九年にマルセイユのラ・ベル・ドゥ・メ劇場で開催されたレアの大会（レアの活動家の賃金を支払えなくなったので残念なことにレアの最後の大会になった）に、国家の代表（国土整備・環境大臣、社会経済と社会的イノベーションのための事務次官）に加えて、社会経済の三つの組織（アソシアシオン、協同組合、共済団体）の代表が招待された。（共済団体に対しては必ずしもそうでなかったが）全体的に友好的な雰囲気の中で、私は最初の中間報告を述べたのだった。社会経済は連帯経済の中に浪費志向の子供を見つけたのに対して、連帯経済の方は社会経済の中に動きの鈍った親を見つけたのだった。

「社会と連帯」の総合

私の中間報告にしたがえば、「社会的効用を有していて、混合的な資金調達を行うサードセクター」は適当な修正を施すことによって社会経済の法的枠組に組み込まれうるはずだった。この選択は、ノール・パ・ドゥ・カレ地域を除けば、最終的には地方での公聴会によって承認された。一九九九年初めというのは、私にとって戦術的な選択が重要となる時期だった。実際、生まれたばかりのサードセクターと連帯経済は、それら自身が既存の法的枠組を活用していたので、既存の法的枠組を無くして、いくら理想的なものだとしても新しく改変するよう要求することは時宜にかなっていなかった。そして、逆に、社会経済の方は、新しい組織の創設に対してはっきり反対の意思を表明した。というのも、この新しい組織が、「連帯的」という名称や法的、税制的な様々な特権を独占することになるからだった。共済団体、協同組合、アソシアシオンの全国連絡委員会の議長は、一九九九年一月一九日付の書簡の中でそのような措置への反対を私に対して次のように表明した。

「現行の法的基礎にもとづくわれわれの組織は、社会的使命と起業家的経営を結び付けようとする、すべての新しいイニシアティブの役に立つことができる。この組織は、古典的な企業が追求できないような社会的目標にしたがって経済活動を実現しようとするあらゆる個人、集合体に対して開かれている。したがって、アソシアシオンの全国連絡委員会を構成する諸団体は、新しい法的資格を創設することは、事態の解明になるよりもむしろ混乱の原因になると考える。社会経済と呼ばれる規定、もしくは万が一の場合は、社会経済の規定を否定しないような特別の措置こそ、今日生まれつつある新しい需要と雇用に関連する新しい使命を推進するための土台となるだろう。」

その後一年間、社会経済の歴史について調査しつつ、共済組合も含めた現代における社会経済のアクターたちと議論を深めることによって、われわれは上述のような戦略が妥当であることを確信した。（すでにかなりのものになっている現行の法的枠組に依拠するという）戦術的な議論を越えて、社会経済を特徴づける「何のため」という使命こそ一九世紀初め以来、協同組合、共済組合、そしてアソシアシオンの運動の誕生と発展に大きく作用してきたことがすぐに理解された。このような使命が社会経済における「公式の宗教」の地位を占めたのである。そして、この使命は、形式的にではあるが、社会経済の法的なルール集のなかに書き込まれたのだった(「一人一票の原則」、「剰余資産の非分割性」、「営利性の制限」)。そして、(これらの運動を同時代において承認したシャルル・ペギーが語ったように)宗教にまで凝固した使命が、自由主義の台頭と国家の後退に直面して、再生しようとしたのだった。

連帯経済は、社会経済の「外的な良心」として――そしてますます内的な良心として認識されるようになった。さらに、EU委員会は、あらゆる経済活動を古典的な企業形態の下に画一化しようと圧力を加えた。(市場活動を行うアソシアシオンの税制に関する)財務省通達の適用をめぐる交渉や、そうした財務省通達に先立つブラール報告の諮問の圧力を受けて、共済組合やアソシアシオンは、自分たちの団体の税制上、法律上の特権に関して社会的な正当化を改めて説明しなければならなくなった。雇用・連帯大臣がわれわれに委任した諮問の中でも、「社会経済の連帯的な性格を再確認すること、あるいは社会経済と並んで連帯経済を創設すること」、つまり代替的経済について公式に説明するよう求めている。こうした諮問にしたがって、社会経済は自己の土台を考え直さざるをえなかった。

とはいえ、「マルセイユのラ・ベル・ドゥ・メでの陶酔」は全員によって認識されるどころではなかったし、今でもそうである(連帯経済、社会経済のどちらにおいても)。しかしながら地域ごとの公聴会のためのパイロット委員会は、まさにさまざまな困難と合意の可能性の実験場と化したが、その議論は、もっとも積極的な地域で更新される原則にしたがっていた。当初支配的だったのは、連帯経済と社会経済の代表者相互の警戒心、国家（DIES〔「イノヴェーションと社会経済のための関係省会議」の略。二〇〇〇年に設立〕）への共通の警戒心であり、「財政的な支援の要求と自律の要求」のスローガンを掲げていた。ついで、相互の歩み寄りを実現させるべく、断続的な動きだったが相互的な信頼関係を徐々に作り上げる動きが生まれた。とはいえ、社会経済は連帯経済と重なり合うことはできない（逆もまた可）という気持ちに支配されて、相互的なためらいも存在した。このようなためらいに加えて、それが生み出す不安が、「連帯経済に関する事務次官」というポストが創設されたときにも数日にわたって表明されたが、この事務次官の管轄は社会経済にまで拡大されたのだった。

とはいえ、やはり「社会連帯経済のセクター」という呼称は、本書の対象となっている社会的効用を有するサードセクターを示すには理にかなっているように思われる。問題を隠さないまま誤解をとくために、これら三つの概念の間の関係を解明することにしよう。

――**サードセクター**は、「何を行うか」によって定義される。そして、税制の問題を含む固有のレギュラシオン様式によって定義されるセクターを必要とする。

――**社会経済**は、「いかにして、いかなる法的資格で、いかなる内的組織の規準にしたがって社会経済を実現するか」によって定義される。

――**連帯経済**は、「何のために行うか[11]」によって定義される。経済活動のもつ意味、その論理、アクターたちの価値体系、そして自分たちの組織の運営規準が問題になる。

サードセクターは、全体として連帯経済に所属することになる。その混合的な資金調達のマクロ経済的正当化は、失業の社会的コストの積極化に基づき、そのミクロ経済的な正当化は、活動の市場での価値評価に伴うような「社会的ハロー効果」に公的に報いることにもとづいている。これらの側面は、連帯経済の運営の論理、価値、規準を説明している。

それに対して、**連帯経済は、サードセクターの領域を大きくはみ出している。**連帯経済がめざすのは、同じ価値を有するネットワークと共生的関係の構築であり、可能であるならば、サードセクターであろうと私的セクターであろうと、さらには公的セクターであろうと、そして「家庭」や相互扶助や知の交換といった非貨幣的セクターであろうと、そうしたところで活動を実行する。ここに言う共生的関係とは、権限、資金調達、顧客、企画、協力的関係などを共有することを意味する。

社会経済は、（新しいグループを伴うにせよ、そうでないにせよ）その制度的なルール（一人一票、準備資産の非分割性、営利性の限定）によって**サードセクターに特権的な枠組を提供**できる。第一の民主的なルールは、「人間のコミュニティに仕える」という意思に相応しいし、第二のルールは、コミュニティのための社会的資本の自己蓄積の論理を表現している。第三のルールは、収益性の論理を制限することによって、税制の特別措置を享受していることを（納税者に対して、また「競争相手」に対して）いっそう正当化している。だが、「営利性の制限」のルールさえ守られれば、サードセクターに属する法人が第一のルールにしたがわずに伝統的な商業企業の形態（株式会社、有限責任会社）で存在したとしてもまったく不都合ではない。実際、これは半数近くの社会統合のための企業が選択していることであり、これらの企業は、今まさに私的セクターに「統合」しようとしている人たちの、将来における雇用条件をできるだけ詳細に整えようとしている。

最後に、社会経済は運動体として、その出現に関わったような連帯的、民主的価値の中に根づいているとはいえ、その法人は、連帯経済の価値体系を全く共有しない法的規定によってしか定義されてこなかったということがある。アソシアシオンにしても、必ずしも「社会的目的」を有するとは限らない。海辺のマリーナ、ゴルフ場、経営者団体を運営するアソシアシオンもありうる。生産のための協同組合が軍需品を生産することも可能である。したがって、**社会経済の運動は、連帯経済の運動の受け皿ではあるが、社会経済を構成する組織がすべて、連帯経済に含まれるわけではない。したがって、これらの組織は、サードセクターに認められるような税制上の特権を要求することはできない**[12]。かくして、一方における社会経済の運動とその「公式の宗教」、他方における法的に社会経済に所属する法人の（その目的や「社会的問題」との関係における）多様な現実、これらの区別が、「社会経済」と「連帯経済」の区別を承認したり、拒否する際の困難さの土台をなしている。したがって、ここではっきりと確認しておくべきであるのは、**連帯経済は、社会経済全体をカバーしない**、ということである。

逆に、すでに述べたように、**連帯経済は、社会経済を大きくはみ出している**。社会経済は、公的セクター、私的セクターなどとのパートナー的関係を含んでいる。

この議論から重要な事実が帰結する。サードセクターの使命を有し、己の責務の仕様書を遵守し、税制の特権を享受しているような（少数の）民間企業を除けば、「社会的（ないしエコロジー的、文化的など）効用を有するサードセクター」は、社会経済と連帯経済の交差として定義されるが、これらのいずれか一方に属するのではない。

こうした条件のもとでは、**サードセクターの範囲を**、その憲章に書き込まれるべき二つの**規準に基づく、社会経済と連帯経済というラベルにしたがって定義することが最善であるだろう**。二つの規準とは、その目的（サードセクターを連帯経済に関係させるもの）とその内的な組織形態（とりわけ営利性の限定、運営の民主的、合議的性格）——これはサードセクターを社会経済に関係させるもの——である。民間企業はこうした「己の責務の仕様書」を受け入れるのであれば、このサードセクターのラベルを要求するという選択を行うことができる。そうしたラベルに同意する（そして、己の責務の仕様書を受け入れる）ことによって、法制上、税制上の特別措置を獲得する権利が生じるのである。

交換、所得分配、互酬

ここまで来れば、いっそう概念的である他の問題も明確化することができる。これらの問題は、サードセクターへの反論として議論の中にしばしば登場している。

まず、サードセクターは、社会経済の一部分であるがゆえに、明らかに市場的側面を有していることを確認しておこう。

私的なアクターたちのイニシアティブから発する経済は、市場経済の性格をもつ。私的なアクターは、何らかの財やサービスを社会に供給するが、この供給を「価値実現」させる需要、つまり、貨幣と引換えられる購買者にとっての有用性を承認する需要と出会わなければならない。そしてこの貨幣によって、生産単位は、供給を更新し、労働者に賃金を支払うことができる。したがって、これらの個人や集団は、サービスを社会に供給するイニシアティブを自分たちで取っているわけだから経済の市場的性格は、ある程度までは諸個人や諸集団の自律性の対価であると言える。たしかに、例えば所得再分配などによって、彼らが他の生活手段を有しているのであれば、これらのサービスを無償で供給することもできるだろう。[13]だが、大半の場合、サードセクターは、ボランティアと生活手段を必要とする人びと、これら両者の活動から成り立っているのである。

サードセクターの特殊性は、市場的でありながらも、購買者の需要を満たすと同時に、他の社会的効用を生み出すことにある（労働者の社会統合、地域レベルでの共生など）。社会は、サードセクターに補助金を与える、あるいは税を免除することによって、われわれが**社会的**ハロー効果と命名した「プラスの外的効果」に対して報いる。私的セクターの多くの活動もまた積極的な外的効果を生み出している（公害や渋滞などのマイナスの効果だけでなく）。だが、サードセクターの際立った特殊性は、補助金と免税という二つの財政援助がどちらもなければ、これらの「効用」（そのサービスも、そのサービスに伴う「社会的ハロー効果」も）は、損失を覚悟しない限り、存在しえないことにある。

厳密に言えば、ほとんど賃金が支払われないか、あるいは完全にボランティアによる労働の投下によっても、こうした活動は持続しうるだろう。サードセクターは、とくに第三世界では、人びとの、あるいはコミュニティの「生き残り」のためのボランティア活動を持続させるためにこそ存在しているのであり、その社会的効用の承認とその労働への報酬を国家から引き出している。こうしたボランティアとの連続性は驚くべきものでもないし、また、サードセクターの存在を否定するものでもない。伝統的社会だけでなく、現代においても、家事労働において女性が供給する労働の大半は無償で提供されている。家事労働を補助するためのアソシアシオンの労働を評価しないことは、女性（母親）がかつて自分のためにしてくれた労働を軽蔑するのと同じことを意味するし、家父長制支配によって家事労働に刻印された精神的な傷を彼らに与えるのと同じことになる。

次のことを繰り返し強調する必要があるだろう。社会的に承認され、合法化されたサードセクターは、インフォーマルなサードセクター（F・ブローデルによれば、あの有名な「物質文明の一階」）の役割を引き継ぐ使命を有している。このインフォーマルなサードセクター、つまり女性による無償労働は、ルシャプリエ法によって中間団体が禁止されたにもかかわらず、家父長という権威の下でナポレオン法典によって注意深く維持された。ボランティアや「家事」（あるいは協同体的な義務）からの脱出は、活動の市場経済化であり、賃労働者への移行であり、社会の個人化の動きと、各人が義務にしたがってものを作るような社会的な生産の「全体論的〔holiste〕」（協同体的）な様式からの断絶、さらには、個人自身の貢献の個別的な価値が承認されるべきという要求が表現されているが、個人の貢献は、「社会的評価」および生活手段という二重の次元において、貨幣的形態しか取ることができないのである。(14)もはや家族の中の沈黙の分業によって生産するのではなく、コミュニティに対して生産がなされるのであれば、価値評価や労働の報酬の支払いは、それらを受け入れる顧客や公的集合体によって行われるほかないが、サードセクターの場合、価値評価と報酬の支払いの二つが同時に可能なのである。

サードセクターは、したがって、市場的次元に加えて、公的サービスの次元ではないにしても、少なくとも「公衆へのサービス」という次元を有している。コミュニティが期待するのは、サードセクターによって生まれる社会的ハロー効果（安全、便宜性、共生性〔convivialité〕、社会統合など）を伴うサービスの存在であり、そうであるからこそコミュニティは、国家や地方自治体に支払われる税によって補助金を支出するのであり、国家や地方自治体は、公的セクターの原則や民主的、行政的な手続きにしたがって、期待されるサービスの提供方法が最良のものとなるよう調整するのである。市場経済のレギュラシオンの原則である「私が与えるのは君がしてくれるからである。私がするのは君が与えてくれるからである」に再分配の原則が組み合わされる。すなわち、「私が集合体〔自治体〕に与える〔税金を支払う〕のは、集合体〔自治体〕がしてくれるからである」。

だが、集合体のやり方には二通りあって、公的セクター（公務員）によるか、あるいは市場における供給者との契約によるかである。自治体は、公共住宅の管理を自治体の職員に任せることもできるし、私的企業との契約に任せることもでき、〔サードセクター的な〕地区改善委員会に対して契約にもとづいて補助金を支出することもできる。後の二つの場合、契約は明らかに市場取引である。供給は自律的であり、需要者による価値評価が存在する。したがって、サードセクターの内部で競争さえ存在しうる（これは、イタリアの社会的な協同組合にとって現実的な問題である）。

この観点に立つのであれば、「混合的な資金調達による社会統合のための法人」（反社会的排除の法律の第一一条Ⅳ）に対し、市場での資金調達の比率に制限を課すことは、理論的にも実践的にも問題がある。後で検討するように、この法律を適用するための政令はこのような制限を課している。散歩道の整備を行おうとする社会統合のためのアソシアシオへの補助金の交付を契約する場合は「社会的資金供与」とみなされ、同じ自治体が通りの整備を民間企業と契約する場合は「市場的資金供与」とみなされるのはなぜだろうか。地区改善委員会の資金調達において、市長からの補助金とそれ自体、市の外郭団体である公共住宅の管理事務所との契約から得た資金を（理論的に）区別する必要があるのだろうか。

しかも、公的支出の厳密なルールによって自治体によるサードセクターへの資金補助はすべて「公正な競争」という抽象的なルールに従うことになっている。サードセクターはしたがって、反社会的排除のための法律の第一一条Ⅳの政令による制限と公的市場法の両者によって挟み打ちにされかねない。たしかに小額の契約については、「交渉による契約」という手軽な手続きが残されている。だが、ストラスブール裁判所の最近の判決は、サードセクターの企業に市場参入を許可する際、市が「社会的条項」を考慮に入れることを禁止している。

法律のなかでも、あるいは政令のなかでも明確に承認すべきであるのは、サードセクターがその活動の部門に応じて、市場的と公的という二つの資金調達の手段を有していることである。というのも、サードセクターは、プラスの外部効果、つまりコミュニティにサービスを提供しながらも、個別の需要に答えているからである。

この意味で、社会連帯経済のサードセクターは、市場セクターと公的セクターのそれぞれの土台となる個別労働の社会化の二つの原則の接点に位置する。すなわち、交換の原則と再分配の原則である。だが、サードセクターは、連帯経済と同様に、**互酬性の原理**によって統治されている。「私が今日何かを提供する、あるいは何かを行うのは、いつの日かコミュニティが私のために何かをしてくれると想定しているからである。」

この原則を突き詰めてしっかり把握する必要がある。というのも、この原則は、社会連帯経済のサードセクターの隠れた豊かさをなすものであると同時に、サードセクターが「反協同体的」な現代性を主張する人びとに盲目的な警戒心を抱かせる大きな原因でもあるからである。すでに述べたように、社会は「市場／公共」という対概念、つまり交換と再分配の原理だけで機能するわけではない。前近代的な社会の基礎を形成する要素（家族、村落）は、基本的に互酬性にしたがって機能していた。そうした互酬性は必要ない、というのが「近代主義者」たちの幻想であったが、その結果、社会秩序の崩壊、大衆の孤独、社会的排除という空白が生じてしまい、フォーディズム的成長様式が危機に陥った今では巨大な溝にまでなってしまった。家族、あるいは民族的協同体への復帰があちこちで起こっているのは、安全を確保してくれるよう社会的なつながりが追求されていることを物語っている。家族、氏族、教会区、民族的協同体、これらが歴史的な進化から判断すれば、後退であるとみなされることは、きわめて正当である。歴史的な進化の中で、個人は協同体的な束縛から解放されて、ますます自己を確立し、自分で責任をもつことを望むようになったし、また、そうしなければならなくなった。[15] だが、この「自由な個人」は、市場と公共的な所得再分配だけで満足できないし、また、生きてゆくことさえできない。はるかに直接的で、かつての強いられた協同体に代替するような自由なアソシアシオンにもとづく社会的なつながりをまったく自律的に築くことをますます望むようになる。**自由な個人は「自由な諸個人たちによる互酬性」を作り直さなければならない。**それは、シャルル・フーリエのような空想的社会主義者たちが「友愛」と呼んだものでもある。そして、社会連帯経済による社会化の「混合的な」原理は、その素描でもある。混合的とは、ボランティア、市場、公的補助、つまりすでに述べたような内的、外的な民主的レギュラシオンの三つの層、要するに連帯経済の諸価値を組み合わせることなのである。

ところで、この互酬性という価値は、明らかに伝統的協同体の紐帯の痕跡を留めている。縁者びいき、仲間びいき、近所びいきがそうである。「社会は家族じゃない！」[16]と怒る人々もあれば、「世の中は市場じゃない！」、「社会は兵営じゃない！」と反論する人々もいる。**いずれの社会化の原理もその欠陥を有していることを**認めたほうがいいだろう。市場交換における「現金支払いのもつ冷酷なエゴイズム」、所得再分配における冷たい官僚主義、そして、互酬性におけるえこひいき、というように。だが、これら三つの原則と三つのセクターが共存しているからこそ（それらに加えて、ほぼ全体が互酬性にもとづいている、より巨大な非貨幣的セクターが存在する）、それぞれの原理の逸脱が抑制され、相殺されるのである。したがって、**サードセクターに不適切な、完全競争のルールや公的支出と公的市場の形式的なコントロールをサードセクターにあてはめようとしても、決してうまくいかない。**

社会連帯経済の「自由なアソシアシオン」としての側面は、直接的で地域限定的なイニシアティブや連帯に、そして「対面的」なレギュラシオンに基づいているが、だからこそ、サードセクターは、公的セクターによって吸収されることができないし、そうであるべきでもない。逆に言えば、公的セクターは、公的セクターに固有の抽象的なルールにしたがって、一般的な利害について再分配の使命を有している。この問題は、社会経済の起源においてすでに提起されていた。シャルル・ジッドは「一九〇〇年の万国博覧会のための報告」のなかで述べているように、「自由なアソシアシオンの活動が拡大されるようになると、とくにその活動の需要がいっそう緊急に、普遍的に感じられるようになると、公共サービスに変容する傾向があることは論理的である。共済的なアソシアシオンは、全国的な機関、ないし全国的な退職金庫になり、協同組合的な団体の活動は、水、ガスなどを供給する地方自治体の活動になる。[17]」ジャン・ジョレスは、一九〇三年にジッドに回答しているが、その主張はさらに強まっている。「民主国家とは、究極的な協同組合であり、他の協同組合もすべて、この究極に向かっている」。だが、一九〇五年になると、ジョレスは、共済組合の活動に関わるようになり、その際、公的で強制的で中央集権的な社会保障の発展を前にしてのマビヨ(当時のフランスの共済組合団体のリーダー)の沈黙を批判しつつも、再分配の原理(公共)と互酬の原理(共済組合)の必然的な相互補完性を強調するようになる。「病気のための社会保険の機能を官僚的な形態で構想すべきではないだろう。地域レベルでの共済組合だけが、正確な管理によって、そしてあらゆる正当な組織に組み込まれた友愛的精神によって、人間の不幸に対するこのような形での救済が必要とする有効性、公正さ、善意を病気のための普遍的な社会保険に吹き込むことができるだろう。[18]」

およそ一世紀が過ぎた現在、こうした補完的な共済組合は、実際に「友愛」や「善意」という補完性を実現できたのか、むしろ「社会的な同化」にしたがって、疾病保障金庫の官僚主義に右ならえしたのではないか、と諧謔的に問うことができる。いずれにしても、この問題は二一世紀においても重要な問題であり続けるだろう。工業生産とサービス（第三次）産業もますますオートメーション化されるに応じて、人間活動の供給と需要は、ロジェ・スウが「第四次」と命名しているセクターに向かうだろう。すなわち、他人の健康、教育、余暇、老後の世話をしたり、そして地域の環境の改善に努めることなどである。繰り返すことになるが、伝統的なつながりが無くなったことによって、各人が身近な人のために純粋な愛情にもとづいてボランティアで尽くすための空間が切り開かれたのであり、子供や老人の世話をするためには、ますますたくさんの人びとが動員されなければならないのである。しかも、こうした活動がこれを担う人にとっての主要な活動（難易度が高く、高度な熟練を必要とする仕事）にならなければならず、そこから正当な報酬を得て、「生活」できなければならない。こうした活動を市場交換や公共的な所得再分配の原理に委ねてしまうことは論外である。かくして、社会連帯経済の巨大な領域が切り開かれるのである。

異なる論理で統治されるサードセクターは、市場と利潤の支配を前にして、経済自由主義によって排除された人びとにとって救命袋になるのだろうか、それとも、市場の支配に対するオールタナティブになるのだろうか。すでに述べたように、サードセクターの論理は、むしろ後者の方向を指示している。はたして、オールタナティブになりうるのだろうか。それは、サードセクターの発展の質と、量によって決まるだろう。例えば、サードセクターが社会的に排除された人びとの世話をして報酬を得るような、社会統合のためのセクターにとどまるのであれば、社会的排除に対するレギュラシオン様式のマージナルな機能しか果たさないだろう。その反対に、サードセクターが（私的セクター、公的セクター、ボランティア的な相互扶助、社会連帯経済などを組み合わせた）複数の経済の中で発展し、利潤目的の生産に対して、また公的セクターに対して、さらには、家庭の無償労働に対して「オールタナティブ」を提供でき、「異なる仕方で生活し生産する」ことを願う、無限の多様な社会的需要に答えることができるようになれば、サードセクターは、その起源において有していた「オールタナティブ」の名前に相応しいものになるだろう。

たしかにこのことの帰趨は、サードセクターの発展のありようだけにかかわるものではなく、フランス、そしておそらくヨーロッパ全体が「アフター・フォーディズム以後」の道のなかで取りうるより大きな戦略によって決まるだろう。(19) 将来の成長モデルは、新自由主義的であったり、新テーラー主義的であったりすることもありうる。その場合、技能形成と所得は、激しく二極化〔勝ち組・負け組〕するだろう。あるいは、むしろそこで連帯の度合いが強められて、一般的な職能教育の努力が広範になされることもありうるだろう。だが、一九四〇年代におけるフォーディズム的な成長様式の起源をめぐる研究が明らかにしたように、レギュラシオンの制度諸形態は、空から舞い下りた成長様式の諸要素によって指揮されるようなものとして機能するわけではない。その反対に、新たな成長様式のモデルが安定化するのは、社会闘争から生まれる妥協が制度化され、一貫性をもつことによってである。社会保障制度は、フォーディズム的な大量生産を安定させるための答えとして生まれたのではない。その反対に、社会保障制度の制度化は、(シャルル・ジッド的な)社会経済の前進を通じて、まず大量消費を、ついで大量生産を実現したのだった。

社会連帯経済の確かな発展が、より「市民的」で、人びとにとってより連帯的で、環境を尊重するような成長モデルの出現に貢献することを願わずにはおれない。

注

（1）協同組合は一八九四年から一九二〇年にかけて個別に承認されることになるが、一八六七年以降「変動しうる資本と人員を有する会社」としての地位を活用するようになる。共済組合は一八四九年から承認されるが、一八五二年から一八七〇年までその指導者は国家によって任命されていた。共済協定は一八九八年にさかのぼる。一八八四年三月二一日の法律はルシャプリエ法を廃止して、労働組合の自由を確立した。そして、一九〇一年にはアソシアシオンの自由に関する法律が公布された。

（2）次の文献を参照。« Un siècle d'économie sociale » in *Revue internationale de l'économie sociale /RECMA* n° 275-276, avril 2000. この雑誌は一九二一年にシャルル・ジッドによって創刊されたが、やがてそのタイトルに« *Revue d'études coopératives, mutualistes et associatives* »を付け加えることになるので注意しよう！

（3）CRCMA（協同組合、共済組合、アソシアシオンの地域評議会）の半数は、CRES（社会経済の地域センター）に改組された。

（4）合名会社という言葉は、すでに民法のなかで使用されているので、定義し直すことは残念ながら困難である。ジョルジュ・フォーケ博士は、記念碑的な論文のなかでこの一人一票のルールを意味するために「合名アソシアシオン」という言葉を提起している。« Le secteur coopératif. Essai sur la place de l'homme dans les institutions coopératives et sur la place de celles-ci dans l'économie », *Revue d'études coopératives* ;n° 54 (cité dans *RECMA* n° 275）参照.

（5）この点（社会経済の組織の管理者への正常な報酬）は未だ実現されていない。
（6）この点については以下も参照。« *Les coopératives dans la crise* » *Autogestions*, n° 22 1985-1986. を参照。
（7）興味深いことであるが、連帯経済の理論化において大きな影響を与えることになるベルナール・エムとジャン＝ルイ・ラヴィルの研究センターは、民主主義と自律のための調査情報センターと呼ばれていた。このように、連帯という言葉だけで、代替的な経済の諸価値体系が表現し尽くされるわけではない。
（8）レアが受け取った公的補助金は、六％を超えることはなかった。「自律と連帯」の組織は補助金なしに立ち上げられた。
（9）一九八四年に、ベルトラン・シュヴァルツ報告の盛り上がりのなかで中間的企業は生まれた。そして一九八六年シラク内閣によって中間的企業は廃止された。その代わりに、中間的アソシアシオンが承認され、一九八七年には社会的参加のための企業が承認された〔中間的企業とは社会統合を目的とする企業であり、中間的アソシアシオンは雇用関係を含む非営利団体である〕。
（10）この点について、以下の前掲書を参照。*La Société en sablier*, chapitre 10.
（11）この定義は、ジャクリーヌ・ロルティオワに負っている。彼女はこの定義についてシュヴィリ・ラリュの集会で説明した。
（12）ここで素描されている規準は、財務省の中で支持者を集めたゴルフ場の管理のアソシアシオンにまで商業税の免除を適用するという議論とは正反対の議論である。

ここで問題となっているのは、「閉鎖的なアソシアシオン」の理論である。この理論は、そのメンバーにしかサービスを提供しないようなアソシアシオンは市場に介入しない、したがってほかの企業との競争関係に入らないので、こうしたアソシアシオンに税免除の特権を与えても、それは競争を歪めることにはならない、というものである！　つまり、この考えに従えば、アソシアシオンがプラスの外的効果（「社会的ハロー効果」）を生まないようにするために、閉鎖的になればなるほど、アソシアシオンは税制の特権を得ることができることになる。ゴルフ場によって引き起こされるマイナスの外的効果（地下水の汚染）を考慮に入れずとも、われわれはこのような考えを支持することはできない。その反対に、観光省に関係するアソシアシオンが展開した議論では、「社会的混合」という目的による認可が発表された。だが、この規準を適用するには問題があることを指摘せざるを得ない。というのも、UCPAは「汗をかかないスポーツ」としてPRしているので、もはや地中海クラブと区別がつかないからである（UCPAは元来、山登りやヨットなど貴族的と思われていたスポーツを民主化するための手段だった）。ゴルフ場のアソシアシオンの例は、アソシアシオンの「社会的効用」を決定する手続きを官僚に一任することの危険性を物語っている（とくに、官僚が潜在的な利用者になる場合には）。

(13) このことはさらに、ボランティアの地位を法的に明確にすることを意味する。エティエンヌ・テット事件では、手錠をはめたままでテレビ放映された容疑者が、失業保険の受給者でありながら、講義ノートのコピーを販売する学生組織をボランティアで管理したことで、失業保険のルールの禁止事項に抵触したことで逮捕された。のちになって、この禁止事項は国務院によって破棄された。

(14)「以前は当然女性が自宅で行っていたことを低熟練の女性がサードセクターで行っている」と言ってサードセクターを批判することは行き過ぎである。まず、サードセクターは、家庭の無償労働に徐々に代替するようになるのであり、ジェンダーの家庭内分業の痕跡をサードセクターに見出すことはなんら不思議なことではない。というのも、まず必要な熟練は家庭内労働において獲得されたはずだからである。次に、(とくに高齢者である)利用者は、性的な役割分担が否定されることに対して消極的だからである。このような状況は——それ自体残念なことであるが——すでに公的セクターに存在している。小児性愛に対して現在存在する警戒心のため、子供の世話をする仕事はもっぱら女性が中心となっている。だが、無償ないし有償の家庭内労働の地位から抜け出すことは、それ自体、伝統的な女性労働を再評価することになる。むしろその結果として、こうした活動が市場セクターで賃労働活動の地位を獲得することになり、これらの活動を男女ともに行うようになる(修復や清掃に関する仕事がそうである)。

(15) J.-C. Kaufman, *La Femme seule et le prince charmant*, Nathan, Paris, 1999. コフマン自身は、ノルベルト・エリアスのように歴史社会学の伝統のなかに位置づけることができる。

(16) この表現は、ジェラール・マンデルからの引用であり、彼はこの表現をこれとは異なる意味で使っている(*La société n'est pas une famille*, La Découverte, Paris, 1992)。彼にとり、この表現は、社会心理学は家族心理学と同様の概念には依拠できない（オイディプス・コンプレックスのように）、という意味であった。彼は行動＝能力、という概念を主張している。これは個人が自分の周りの社会を変えつつ自己実現することに努める動きを意味している。マンデルは、そこにアソシアシオン的な参加の原動力を見出している。

（17）この点は、アソシアシオン主義が福祉国家以上に公共サービスをどれほど先取りしていたかをわれわれに思い出させてくれる。逆に、「構造改革」によって公共サービスが解体してしまったところでは、協同組合に対して応急措置が要請されている。アルゼンチンのヴィラ・カルロ・パズでは、協同組合が水道とダンス講習会を同時に供給している。

（18）これらの引用はすべて再版された雑誌（*RECMA*, n° 275）からの抜粋である。

（19）私の次の論文を参照。« The Post-Fordist World : Labour Relations; International Hierarchy and Global Ecology », *Review of International Political Ecology*, vol. 4, n° 1, 1997.

第3章

制度の重要性

伝統的に「社会経済」と呼ばれてきたものは、伝統的に旧い制度を有している。協同組合、アソシアシオン、共済組合といった制度は、国家による社会保障制度に大きく先行している。これらの制度は一九世紀を通じて発展したが、とくに第二次世界大戦後の大きな改革を経て公認され、一九八二年のローカル法によってようやく共通名称で統一された制度的セクターとしてみなされた。これらの制度の法的資格にしたがって、「集団的な資産」を蓄積するようになったが、だからと言って、完全な意味で、サードセクターに帰属しているのではない。ところが、一九八二年以来、とくにシュヴァルツ報告以降（われわれが定義した意味での）サードセクターの芽が出始めた。その場合、社会経済という形態を取ることが一番多かったが、企業形態を取ることもあった。

われわれが考えるように、新たな法的措置が取られて社会連帯経済のダイナミズムが十分に発揮されるようにするには、まず、一九九七年六月に左翼連合の内閣（「複数の多数派」）が政権に就いて以降の新しい考え方を整理しておくべきであろう。

出発点――一九九七年の社会党と緑の党の協定

一九九七年一月に締結された社会党と緑の党の「共通政策文書」は、選挙民に対するこれら二党の公約であり、また過半数の選挙民によって承認されていた。この文書は、（週三五時間法と同様に）基本法を通じてサードセクターを形成するための戦略をかなり正確に規定している。

「社会的、エコロジー的な目的をもつサードセクターを発展させるために、市場セクターと公的セクター以外のさまざまなイニシアティブを支援すること。サードセクターの形成を促し、補助金を与えて、サードセクターの境界を確定し、その供給政策の発展を支援し（入札における社会統合に関する条項）、透明性のルールを確定し（会計検査院／地方の会計検査局）、ボランティアの地位を確定し、失業保険組合との協定を規定するための基本法を制定する。だが、それらに先立って、社会統合のための最低所得保障（ＲＭＩ）は、一八―二五歳の層に拡大する。」

この協定は、サードセクターの制度（「さまざまなイニシアティブ」）を定義しているわけではないが、そのレギュラシオン様式と、その使命によると同時にその財政的特別措置によってサードセクターを定義している。明らかにこの財政的特別措置は、最低所得保障や失業手当さえも含むような補助金までをカバーしている。さらに指摘できることであるが、最低所得保障を成人層全体に拡大することが暗黙のうちに（「だが、それらに先立って」）、サードセクターの来るべき発展のとりあえず暫定的な代替物として提示されている（最低所得保障に財政補助することは、サードセクターへの財政補助を準備することになる）。このことは、「労働ないし生活手段への権利」を保障するフランス共和国憲法の前文に合致している。

若者向けの雇用

若者向けの雇用法は、雇用・連帯大臣が準備した法案のうち最初に下院で決定された法律であるが、真の意味でのサードセクターの形成のための重要な一歩である。この法律は、サードセクターの主要な四つの側面を含んでいる。

サードセクターは新たな活動分野に向かうべきである

サードセクターは、現在、市場によっても、国家によっても充足されていないような、需要の全体を引き受けることになる。すなわち、環境、近隣サービス、児童の手助け、地区の活性化など、要するに、コミュニティの内部において、あるいはコミュニティと地域の間において社会的なつながりを再生させることに関わるすべてのことである。これこそ、一九九七年一〇月一六日付の法律の精神であり、この法律が「新しいサービス・雇用・若者」と命名されていることは大変示唆的である（後になって、「新しいサービス・新しい活動」と再度命名された）。この法律は「未だ充足されていない、出現しつつある社会的効用を有する需要」を問題にしている。公共バスに導入された「見回り職」や河川の監視職に対してマスコミが皮肉なコメントを行ったことは、現場の状況を知らないような人びとの無知を物語っている。ここではまやかしの仕事を作るのではなく、まったく普通の仕事への補助金が試みられているのである。残念ながら、若者向けの雇用を実現した雇用主は、二つとも大きな公共機関だった（文部省は六万人の「教育補助職」を、警察は八〇〇〇〇人の「保安補助職」をそれぞれ設置した）。その結果、強い批判が起こった[1]。若者向けの雇用は、公的セクター向けの社会統合の道でしかないのではないか、と。だが幸いなことに、それ以降、サードセクターにおいて、真の意味で新しく、専門化され、持続的な雇用が生まれてきたのである。

とはいえ、家庭空間における雇用はこの枠組から排除されていた。つまり、サードセクターの一角が括弧でくくられていたのだった。

サードセクターは継続的に公的補助を受けるべきである

その社会的効用を理由に、サードセクターは継続的に公的補助を受けるべきである。これは、ＴＵＣ[*1]やＣＥＳ[*2]と比べた場合、大きな前進である。「新しいサービス」法では、補助金を受け取るのは若者ではなく（それ自体、適当でないので）、雇用者が、さらに正確に言えば、活動自体が受け取るのである。雇用者は、最低賃金（ＳＭＩＣ）の八〇％に相当するあらかじめ決まった額の補助金を受け取る。簡単な計算でもわかるように、（年間九万二〇〇〇フランに達する）この補助金は、実際には政府にとって新たな支出を意味するのではない。失業者には、年間この程度のコストがすでにかかっているからである。すなわち、社会統合のための最低所得保障[2]と支払われなかった社会保障費を合計すれば、この程度の金額になる。このことは、すでに本書の中でマクロ経済の論理として述べた通りである。ここでまさにサードセクターの雇用が創出されたことになる。だが、サードセクター組織本来の法的資格はまだ確立されていない。つまり、サードセクターのためにアソシアシオンの運動や国家の諸機関が活用されている段階なのである。そして、雇用者にとっても、雇用した若者を三〇歳以降も雇い続けるのか、五年たてば別の若者を雇い直すのか、あるいはその頃にはこのプログラムも廃止されるのか、見通しがつかない状態だった。そして、（非難の原因にもなりうるので）従業員ではなくそのポスト自体に対して補助金が与えられるにしても、「正規」の従業員を解雇したのちに、補助金付きの従業員で代替する傾向は根強かったが、人事異動として、かかる操作を粉飾することができた。[3]

＊1　一九八四年から一九九〇年にかけて社会党ファビウス内閣で実施された若年失業者向けの政策。最低賃金の半分以下の賃金で最高六カ月間、公共機関で研修に就くことができる制度。社会保障負担はない。

＊2　TUCに代わって、一九九〇年に導入された。最高一二カ月間、アソシアシオンや公共機関でパート労働に就くことができる若年失業者向けの制度。

サードセクターの就労者は通常の賃労働者である

「新しいサービス」に関する法律（本法は、すでに獲得された保障にふれないで、労働法のなかに新しい条項を導入しているにすぎないが）の中では、「若年の被雇用者」は無期限の正規雇用の契約か、あるいは補助に等しい期間（五年）の非正規雇用の契約を少なくともひとつ有するとされている。「若年の被雇用者」は通常通りに社会保障負担を支払う（すでに述べたように、補助金額は、この負担をカバーするように算出されている）。そして、ＴＵＣやＣＥＳと異なり、通常の労働法も適用され、また、もっとも身近な団体協約によって守られる。これらの新しい職種の中には、熟練度の高いものも存在するので、最低賃金を大きく上回る賃金を要求することもでき、実際、すでに平均的な賃金の水準は、最低賃金以上になっている[4]。雇用者がより多額の補助金を受け取るわけではないが、法律は低賃金に対して、最高の補助率を規定している。問題は、賃労働者が自分の熟練を生かせるような賃金を得ることができるか、これらの新しい雇用と職業教育の関係はいかなるものか、という点にある。

実際には、これらの「新しい職種」では、活発で優秀な若者、すなわち、バカロレア取得者とさらに二年間の高等教育を受けた人たちが採用されている。こうした人々にとって既存の団体協約に関わることがそれほど意味をもたないのは、「新しい職能資格」（すなわち新しい仕事！）は現場で形成されているからである。代わりに、すでに彼らが受けてきた教育に言及することが必要になるだろうか。あるいは、「新しいサービス」の団体協約がやがて生まれることになるだろうか。そうなれば、サードセクターが受ける過小評価を緩和できるだろう。

サードセクターは固有のレギュラシオン様式を見つけねばならない

理想的に言えば、市民社会自身が、雇用の受け皿をめぐる官庁との絶えざる対話を通じて、「社会的、エコロジー的に有益である」ことを定義して、練り上げねばならない[5]。現在の法律によれば、数多くの企画の中からそれを選択するのは県知事である。だが、これらの企画を吟味する部署は、数によって業績を上げたり、特定の利益関係を作ったり、さらには、補助金つきのポストを主要な官庁（文部省が筆頭）や主要な自治体の間で配分するという誘惑に勝てるだろうか。一九九七年を通じて、こうした不安が現場のアソシアシオンの活動家に広がった。彼らは若年の雇用のための補助金がこれらの官庁や自治体、あるいは名の知れたアソシアシオンによって独占されたことに対して憤慨したのである。この不満がこれ以降積み重なったのは、アソシアシオンのための若年の雇用が、その後、自然発生的に供給不足になったからである。

今日、若年の雇用に法律を適用したことの評価は分かれているようである。たしかに、若い賃労働者にとって、「若者のための雇用」計画は、TUC、CES、SIVP*よりもはるかに充実している。だが、公的セクターばかりで若者の雇用が数多く実現したことは、この法律の精神や内容を裏切ることになり、法律それ自体に対して、あるいは労働運動やアソシアシオンに対して背くことを意味した。サードセクターと公的セクターとの競合に関するリスクについて本書の第1章で述べたような懸念が現実化したのだった。さらに、生まれつつあるサードセクターの他の機関（失業者の社会統合のための企業、協同組合など）は、若者のための雇用の補助を受ける権利がないので、そこにアソシアシオンの側からの不当な競争の始まりを見る。これらの不都合は、サードセクターの原理に対する糾弾を意味するのではなく、このセクターの成功の条件、とくにこのセクターのレギュラシオンのための機関を「民主化」するための条件を正確に確定することの重要性を意味しているのである。

＊一九八三年から一九八八年にかけて社会党内閣のもとで実施された若年失業者向けの雇用政策であり、最低賃金の三分の一から二分の一の賃金で、六カ月の研修に就くことができる。企業の社会保障負担はない。

したがって、当初の諸困難は、「新しいサービス・雇用・若者」プログラムが社会連帯経済の中で展開されるときにのみ、克服できることが明らかになる。その場合、補助金の支給対象は、個別の**ポスト**ではなく、サードセクターの**経済的単位**それ自体である。これは、たとえ雇用の全体的な状況の回復によって、他の職種への移転が自然発生的に起こって、五年契約を最後まで達成するケースが稀になったとしても、このプログラムの存在自体は不可視化されねばならないという複雑な問題を解決するための唯一の方法である。公的セクターあるいは国有部門の一定の企業は、若者のための雇用計画には直接参加せずに、サービス業者のアソシアシオンの設立を促し、サービス業者が唯一の顧客をもつ事態を避けることで、このような変化を先取りしたのだった。例えば、「都市のためのサービス提供者」のグループがそうであり、そこには、サービス提供対象の空間としばしば対立的な関係をもつ公共サービスの大企業が含まれている。このようなグループの企業（パリ交通営団ＲＡＴＰ）の活動家の一人は、「若者のための雇用」の実験〔パリ交通営団など公共企業、自治体などを連合したパートナリア制度にもとづく若年失業者の雇用促進の試み〕から得た最初の教訓を著者に教えてくれた。そこで支配的であるのは、多くの場合、親企業による「外延的」な利用であるにしても（親企業はアソシアシオンを自分たちに有利な単なる下請けとして利用する）、空間における共生的関係、そして空間と公的サービスとの共生的関係を回復しようとする新しいタイプのサービスが出現しているのがわかる。

こうした「協同体的発展」戦略については、次の節で詳しく検討される。

都市政策

リオネル・ジョスパン首相は、一九九八年六月二五日（木曜日）、全国都市会議の設置に当たって、この会議に次のようなイニシアティブをとるよう要請した。すなわち、「権利と義務からなる全体としての市民権を再確認することによって、共和国の協定を回復すること。すなわち、公共サービスへの全住民の平等なアクセスという目標を明確に追求すること、また、同一の生活コミュニティに帰属し、このコミュニティのために果たすべき本当の役割があるという意識を各個人に与えること。

社会統合的空間として都市を再検討することによって、社会的統合を強化すること。社会統合的空間の発展は全員によるものであり、また全員の利益になること。

あらゆる関係アクターを動員すること。国家の代表、公的サービスの管理者、社会的な資金提供者、地方議員、アソシアシオンのボランティア、住民自身、これらの人びとが集団的で首尾一貫したプロジェクトに集結すること。このプロジェクトの中で各人の役割と責任は明確化されねばならないということ。」

より正確に言えば、この演説は、「生活コミュニティのための公的サービス」について新しい意味を付与するよう要請しているのである。

「すなわち、都市の中で各人が占めるべき位置という意味、都市生活に参加することによる社会的統一という意味、連帯経済と言われるものを構成する集団的利害のための活動の発展という意味である。都市の環境という特殊性にしたがって公的サービスの概念を再検討するときが来ている。一定の集団的な需要は、国家あるいは地方自治体の責任に必然的に帰属するとはいえ、他のサービスは、住民によって引き受けられるべきである。だが、それは各人の本質的権利を脅かすことなく、個人的、集団的なイニシアティブのための自由の余地を大きく広げるべきであることを意味している。これは、複雑な問題であり、皆さんに考えて頂きたい問題である。」

このような政治的責任のレベルにおいて、フランスの中で公的セクターと並んで「協同体的セクター」もしくは「連帯的セクター」を創設しようという明確な要請が表明されたのだった。だがそのためには「個人的、集団的なイニシアティブの自由の余地」を大きく広げる必要がある。

社会的排除と闘うための法律

「新しいサービス・雇用・若者」の法律は、サードセクターのための雇用を創出することになったが、サードセクターの新しい機関を最初に立法において要請したのは、社会的排除と闘うための法律の第一一条第Ⅳ項においてである。この条文は、本書が答えようとしている諸問の土台を形成している。条文を引用することにしよう。

「営利性を目的とせずに財やサービスを生産してそれらを商業化しようとする、あるいは社会的効用を有する活動を展開する公的資格あるいは私的資格にもとづく法人を規定する要件は、政令によって定義される。」

つまり、法律において、新しいセクターは、商業的活動プラス社会的効用という活動の「混合的」な性格によって特徴づけられている。まさにこの「混合的セクター」という名称で、サードセクターは、経済活動による社会統合のための全国会議で議論されることになる。だが、法律を注意深く読むと、「混合的な法人」には、さらに厳しい要件が付されていることがわかる。

（1）この法人は、第一一条の対象となっているあらゆる法人と同様に、社会統合のための組織である。

（2）この法人は、商業活動と社会的効用にもとづく活動を含んでいる。つまり、この法人は、社会統合のための企業としての使命と、商業生産とは別の仕方で実現される社会的目的を有するアソシアシオンとしての使命をともに含んでいる（例えば、社会統合のために建築現場で若年失業者向けパート雇用契約（CES）を結ぶアソシアシオン）。

（3）だが、この法人は、「非営利」の法人であるので、社会統合のための企業の半数（それらは株式会社である）と生産協同組合会社（Scop）は排除されるが、アソシアシオンには接近することになる。

さらに、「社会統合」という言葉をどう解釈するかという問題が未解決のままである。混合的セクターは、他のセクターに進出するために踏み台や抜け穴になるのだろうか。それとも、このセクター自身が持続的な雇用を生み出すのだろうか。さらに、このセクターにおいて要求されている「非営利」という特徴は正確に何を意味するのだろうか。これらがあまりに狭い意味に解釈されるのであれば（狭い意味での「社会統合」、狭い意味での「非営利」）、第一一条第Ⅳ項は、社会連帯経済の全体をカバーするどころか、ごく少数の「混合的セクター」に門戸を解放するにすぎなくなるだろう。

さらに残念なことに、二〇〇〇年六月七日付の政令は次のように規定している。「製品の商業化は、当該法人の活動に関連する、きわめてわずかな部分しかカバーできない。」

さらに、六月二〇日付の細目規定は、この割合を三〇％に限定している。この細目は「非営利」という言葉をもっとも狭い意味に限定している（間接的にせよ報酬の配分は許されず、リーダーたちには無償の篤志的行為が求められる）ので、協同組合形式も排除されることになる。なるほど、この細目も抜け道を用意している。すなわち、まったく商業的なかたちで、別の組織に戻るということである（社会統合のための企業や中間的なアソシアシオン）。そうだとすれば、雇用・連帯大臣が国民議会に法案を提出して、提案したような「新しいタイプの法人」を創出することにどんな意味があるのだろうか(6)。

社会的排除に闘うための法律によって開かれたはずの立法における革新は、こうして官僚によってコントロールされてしまった結果、革新的性格を失ったかのようである。だからこそ、「混合的資金調達」の正当性を十分承認するような法律が必要なのである。

アリエージュの地域交換システムに関するトゥルーズ上訴裁判所の判決

すでに述べたように、地域交換システムは、社会連帯経済のきわめて特殊な形態である。まず、地域交換システムは、全体として労働者個人から構成されている。この「法人」を構成しているのは個人であり、この法人の個別性が確認されるのは、交換そのもののレベルにおいてである。しかも、この法人への参加者は、最低所得保障を含めた現行の社会保障制度を享受しながら法的制約から完全に自由であり、社会保障負担・租税負担を免除されている。これらの法人は、したがって、大雑把ではあるが、サードセクターのマクロ経済的論理を体現し、相互的な信頼と連帯の論理にもとづいて自由に発行される純粋な信用貨幣が存在すれば、社会的紐帯の強化に頼らずとも、活動と生活の改善が実現されうることを証明しようとしている。

このようなミクロ経済の議論にしたがって、県および税制の官僚たちは、地域交換システムの活動を長い間、黙認してきた。地域交換システムは、一定の商業税を免除されるべきだという権利を主張して、躊躇なく交渉のイニシアティブを取ってきた。しかも、雇用および連帯大臣自身が、アルザスの地域交換システムに対して「社会統合の賞」を授与したのである。

アリエージュ県[*]の地域交換システムは、とくに象徴的である。税制優遇地域の規準を大きく満たすような地域において、この地域交換システムは、大半が最低所得保障受給者から構成される四百人の生活水準と社会統合を大きく改善することを可能にしている。隣人の告発によって、地域交換システムの二人のメンバー（彼ら自身も、最低所得保障の受給者である）が、別の最低所得保障受給者の自宅でヤミ労働を行ったと告発され、商工会議所による告訴にもとづいて司法の判断に委ねられた。ところがその告訴に付随する文書の中で、商工会議所は、非合法な競争という議論の根拠を自ら突き崩していたのである。商工会議所の評価によれば、地域交換システムのサービス価格は、顧客が見つからないほど高い水準に設定されていたのであり、したがって、そもそも競争などなかった。滑稽なことであるが、県の労働監督局によって、地域交換システムに参加して活動すること自体が、告発された人たちの「社会統合」の形態として認められたのだった。

＊フランス南部、スペインに国境を接するミディ・ピレネ地方の県、人口約一三万人。フランスで最初の地域交換システムが一九九四年一〇月に始められた（一九九六年の参加者は、三八〇〇人）ことで知られる。

法律は、物々交換に細かく制限を課し、多方向的な物々交換を禁止していたにもかかわらず、被告たちは一審で有罪となったが、再審で無罪となった。つまり、裁判所は、現行の法律に反して、税制の優遇措置をすべて享受していた（最低所得保障の維持、社会保障負担の免除と税負担の免除）「粗削りのサードセクター」の実践に有利な判決を下したのだった。その判決の理由は、このような場合、「職人たち」は収入を申告する義務がない、というものであった。とはいえ、裁判所は、社会的効用（社会統合、協同体的サービス、社会的な紐帯を生みだすこと）について言及せず、「友愛によるつながり」という表現を退けて、地域交換システムの活動が「営利的」であることを認めている。とはいえ、トゥールーズ上訴裁判所はいくつかの規準を提起している。賃金による従属的関係の否定、「職人たち」の専門性の否定、低水準の報酬、要するに提供されるサービスはアマチュア性を有すること。

地域交換システムを「擁護」しようとする司法の態度には満足できるにしても、この判決の前文は、サードセクターの動機（あるいは、その定義）を排除しているので、最終的には好ましいというよりも厄介なものである。したがって、地域交換システムの存在を確かなものにすべく、現在の法律の中に相互扶助と多方向的な物々交換の可能性（現在の法律は双方向的な交換は認めている）、そして、これらの交換は連帯的性格を有するがゆえに、あらゆる租税負担、社会保障負担を免除されることを明記し、地域交換システムの機能について、レギュラシオンの要因を指摘すべき時に来ている。

アソシアシオンに関する財務省通達

一九九八年九月一五日付の財務省通達は、アソシアシオンにおいて「混合的資金調達」を実践することの正当化をめぐる議論の中で、もっとも進んだ段階を示している。この通達は、告示される以前に萌芽的なサードセクターの担い手たち（とくに地区改善委員会）との広範な交渉の対象となったのであり、全体的に彼らの承認を得ている。この通達は、過去の係争についてはそれらを不問に付すよう提案している。そして、アソシアシオンが商業税を免除されるような商業活動を行うことを許可している。そのための判断規準はきわめて興味深い。

「通達は、それぞれの組織の状況を判断するために、新しい分析方法を提案する。取るべき手続きは、以下の通りである。

——まず問題となるのは、アソシアシオンが主要な活動を通じて企業の利益のために活動を行っているか否かである。もしそうであれば、アソシアシオンは、必然的に商業税が課される。その反対の場合には、税の前での平等原理は適用されないであろう。

——次に、組織の管理に関する**非営利性**を確認する必要がある。組織の管理が営利的である場合（経営幹部への十分な報酬、幹部およびその関係者への現物での厚待遇など）、アソシアシオンは商業税を課される。

――経営が非営利的である場合、次に問題となるのは、アソシアシオンの行う活動が企業活動と競合するか否かである。

アソシアシオンが非営利的であって、しかもその活動が企業と競合しないのであれば、さらに分析を続ける必要はなく、アソシアシオンは商業税を課されない。

その反対の場合、すなわち、企業と競合する場合、**次のように分析は進められる。**

――最後の問題は、組織の**活動様式**に関わっている。重要性の高い順に、検討すべき四つの様式が存在する。
（1）「製品」。（供与ないし販売）活動は、すでに市場によって引き受けられている需要を対象としているのか否か。
（2）対象となる「顧客」。活動は、精神的、肉体的、あるいは金銭的に困難な状態にある人びとのために行われるのか。
（3）「価格」の設定。価格は、商業的な企業の価格を大幅に下回っているか。
（4）「広告」の活用。アソシアシオンは、顧客を得るために、企業と同様の商業的な方法と手続きを利用しているか（広告の活用など）[7]。」

言い換えれば、アソシアシオンはまず、実際に企業と競合している場合（**潜在的に**競合しているのではない）にのみ、商業税を支払わねばならない。とくに通達は、民間部門と競合しない「ニッチ」部門がサードセクターであると明確に（「四つのP」のルールにしたがって）定義している。「四つのP」とは、「製品〔produit〕」の新しさ、対象となる「顧客〔public〕」（サービスの享受者か提供者かは問わない）、「価格〔prix〕」（販売可能かが問われる）、そして最後に「広告〔publicité〕」の形態を通じた該当地域や協同体との関係である。

さらに通達の規定によれば、**アソシアシオンが剰余を計上することは**正当である。この剰余は「正当な経営」の成果である。だが、アソシアシオンは剰余をその設立の社会的目的のために再投資しなければならない。「非商業的な組織が、正当で慎重な経営の成果として、利益を計上することは正当である。だが、アソシアシオンはこの利益を投資目的で蓄積することはできない。実現された利益は一時的に蓄積されるにしても、その後の資金的必要や非営利的な活動範囲に関わるプロジェクトのために使用されねばならない。」（前掲通達第二四項）。

通達の最初から、〔会計上の〕剰余の不在は、**他の企業のためのもうけ**を隠すことがあると明記され、その上で、非営利性の概念が定義されているので、「非商業性」に関する古典的な定義からの進歩をここに確認することができる。

全体的に見れば、この通達はきわめて進歩的な文書である。だが、不幸なことに、その適用はまったくそうではなかった。通達の適用は現場の財務官の裁量に委ねられたので、行政裁判所に訴えられることもなかった。また行政裁判所は、通達ではなく、法律しか考慮に入れなかった。したがってその後生じた小規模のアソシアシオンは、穏やかにかつ正直に「自分たちの状況を規則通りに調整」しなければならなかった。その結果、将来のために大きな修正を行うよう余儀なくされた。そして、数多くのアソシアシオンがその「社会的目的」ないしその存在自体を放棄することになった。[8] しかも、その後の他の省令によって、最初の通達の魅力的な中身は徐々に骨抜きにされることになった。その反対に、ゴルフ場をめぐる事件が示しているように、増えつつある富裕層を目当てにした一定のアソシアシオンは、財務省の寛大な措置を得ることができた。

だが、財務省の通達が、アソシアシオンの関係者たちにとって歓迎すべき激震を引き起こしたことを認めなければならない。これによって、われわれが引き受けた諮問の持つ意義の重要性が、より浮き彫りになったのであり、われわれは次のような問いを提起した。「商業生産に関わっているにもかかわらず、アソシアシオンが商業税を免除できるのは、どのようなアソシアシオンであり、どのような規準にもとづいてであり、また、どのような社会的理由にもとづいてであるのか。」

それ以降、部門ごとに活発な交渉が続けられたのであり、とくにアソシアシオンのネットワークとその関係省庁との交渉が行われた結果、アソシアシオンの「社会的目的」を明示する文書が作成されるに至った。この文書は、財務省の通達を適用するための「補足的文書」になるはずであった。「社会的ツーリズム」のアソシアシオンとその関係省庁との交渉は模範的なものであって、今日「社会的ツーリズム」と言われるものに関する深くて、複雑な議論を展開する機会であった。別のアソシアシオンは、関係省庁による支援はそれほど得られないと感じたので、財務省と直接交渉すべく、利害調整グループを、そして、さらに上部の調整グループを設立したのだった。たとえば、上演芸術活動の調整グループ〔Ufisc 一九九九年設立〕がそうであり、このグループは、満足のいく、しかも法規上もまったく新しい「補足的文書」を財務省から獲得することができた。

当然のことであるが、地方自治体は、すでにサパン法〔汚職防止と経済活動・政治手続きの透明性とに関する一九九三年一月二九日付法律〕の厳格な適用によって困難に直面していたので、こうした交渉をできるだけ支持することになった。野外設備、文化活動、そして都市政策を実際に受け持って活動していたアソシアシオンの存続を望むかぎり、地方自治体は、先取りされた税を払い戻して自腹を切る必要があった。これまで、このような事実上の税の免除によってこそ、アソシアシオンも、その「社会的ハロー効果」も維持することができていたのである。かくして、アソシアシオンに関する財務省通達は、地方自治体から中央政府への税移転という結果をもたらしたのである。

このような密度の濃い交渉活動も、本当の意味では契約的でなく、また透明性の高いものでもなかったが、フランスの中間的団体および調整団体のかなりの部分を動員することとなり、この交渉から、社会的目的、公共性の特性、そして異なるセクターの共存などに関する数多くの行政上の原則が引き出されたのだった。これと並行して展開されたのが、地域ごとの話し合いであり、本書の執筆であった。その間、絶えず反対意見が表明されたが、国会が把握することもなく、財務省の事務局が単独で裁量を下したのだった。

こうした経験が共和制国家の機能の仕方、そして同時に自らの改革を進め、周知のような成功を収めた財務省の役割について何を教えてくれるかに関する分析は、他の研究者や報告者に任せることにしよう。ここでもっと有効であるのは、サードセクターの大部分との交渉が行われ、この交渉によって、立法府に対して、社会連帯経済という名にふさわしい「憲章」がいかなるものかであるかを定義するための材料が提供されている事実を考慮に入れることである。

公的市場に関するストラスブール裁判所の判決

ストラスブールの地区改善委員会の事件は、先に述べたアリエージュの地域交換システムと同程度に重要な事件であった。一九九九年三月、バ＝ラン県の知事は、旅行者によって占拠された土地の清掃に関して交わされたストラスブール市当局と地区改善委員会（Au Port'Unes）との間の入札取引の無効を要求した。知事の要求の理由は次の通りであった。「入札は、経済活動を通じた社会統合に関わる規準を含んでいた。」

ストラスブール行政裁判所は、一九九九年一一月三〇日の判決によって、知事の要求を認めた。その理由は次のようであった。「公共取引に関する法律の第二〇七条は、それらが市場での選択として正当化されたり、清掃業や運搬業の市場がそれ自身は含んでいない業務遂行の条件によって正当化されないかぎりは、追加的な規準の導入を禁止している。」

たしかに、裁判所が無効であると判断したのは、都市当局の表現のまずさだけであって、条項そのものではなかったと主張することも可能である。おそらく参事院は、地方自治体の行う取引サービスの定義（「清掃」だけか、それとも「清掃プラス社会統合」か）に対して、はたして行政裁判所が異議申し立てを行いうるのか否かを判断しなければならないだろう。一九九三年一二月二九日付の労働省の省令は、入札のなかに社会統合条項が盛り込まれていくことをはっきりと予測している。けれども、省令は法律ではない。行政裁判所が自ら商業的交換についてきわめて厳格な考えをもっており（「私がするのは君が与えてくれるからである」のであって、派生的に「社会的ハロー効果」が生まれるためではない）、そして地域的な取引について社会統合条項が付け加えられれば、競争はきわめて大きく制限されることは容易に知られる。参事院の判断がどうであれ、問題となっているのは、公共取引における社会的必要性や互酬性が考慮される際の原則そのものなのである。

地区改善委員会の全国連絡委員会（CNLRO）は、入札の手続きにはとくにこだわっていないことを確認しておこう。全国連絡委員会によれば、地区改善委員会の活動は「商業的であるが、競争的ではない」[9]のである。非競争的な分野における非営利的な法人の活動に関わることなので、全国連絡委員会は、最良の解決方法は協定による合意であると考えている。これは、地区改善委員会にとって裁量の余地を与える方法であり、一九九八年三月九日、経済省によって確認されているとおりである。[10] これは、可能性のひとつであり、地方自治体にとって義務ではなく、他の要因が入札の手続きを義務づけることもありうる。こうした条件のもとでは、第二九七条を修正することによって、入札に関する法律のなかに社会条項を挿入し直すことが緊急の課題になっている。

その他の制度的革新

ドミニク・ヴォワネが提出した地域の持続的な整備と発展のための基本法は、次のような社会変化の管理に関する条文を含んでいるが、この条文は財務省通達よりも行政上、格付けが高い。この法律は、地方に関する「プロジェクト」という概念についての公的な支えに関する法律的な枠組を定義している。市町村の自由な結合にもとづく、行政的でない新しい領域的実体（たとえば「地域〔pays〕」）が定義されるのも、こうしたプロジェクトによってである。公的な支援は、したがって国と地方、地方と地方、さらには国と地方の間の契約システムによって組織されることになる。このようにして、「特定領域の整備に関わる社会的な目的をもつ」企業を支援するための枠組が形成される。

これと並行して、貯蓄金庫を協同組合に再編することによって、急速に社会経済の分野を拡大することができる。[11] 貯蓄金庫はすでにずっと以前からそれぞれの地域に根付いていて、不分割の剰余を保持するよう義務付けられている。法律の定めるように、利益の一部は地域の持続的発展のために再投資されねばならない。連帯的な資金調達のための新財源がこうして形成されているのである。

注

(1) 雇用者の逸脱の問題だけでなく、二つのタイプのポストに集中していることは、これらのポストがずっと以前から公共サービスで存在すべきであったことを示している。これと比較すれば、「環境」に関する五万人の雇用は、一五分野で五〇のタイプのポストに配分された。

(2) 想起しておけば、緑の党と社会党の合意によれば、サードセクターの資金調達は、すべての成人失業者に対しての最低所得保障の存在を前提にしていた。ここでは逆の順序にしたがっている。だが時の経過に応じて、二五歳以上の若者向け雇用は最低所得保障の受給者を減少させていった。

(3) われわれの調査を通じて、さまざまなケースが示された。

(4) 実際、地方自治体は(地方政府の貧困ゆえか)もっぱら最低賃金で雇用している。アソシアシオンは平均して最低賃金の二〇%増しで雇用している。環境関連のアソシアシオンは社会文化的な活動家たちの団体交渉にしたがっている(月額の総収入は、七〇〇〇から八〇〇〇フランである）。

（5）この考えは付随的に主張されたのちに、県レベルの官庁組織（県庁とＤＤＴＥＦＰ〔県レベルにおける雇用促進のための公的機関〕が権限を取り戻した。

（6）この法律の第一一条Ⅳを適用するための政令を二年にわたって作成している間に、社会統合のための企業（entreprises d'insertion）が株式会社に占める割合は三〇％から五〇％に上昇した。数多くの中間的なアソシアシオンは消滅した。あるいは、社会統合のための暫定的な会社になった。このようにアソシアシオンのようなタイプの制度的革新を助長すべきであった法律は封印された。その結果、株式会社を方式を採用することに抵抗していた人々を抑えることができた。ルシャプリエはまだ生きている。

（7）これは、経済・財務省のプレス資料である「財務指令の要約」である。

（8）パリ西部の社会統合のための有名なアソシアシオンの活動家は、われわれに次のことを打ち明けた。「非合法の移民に関するシュヴェヌマン通達のようなもので、規準にまったく合致していると思っていると、排除されてしまう」。

（9）ここで述べられていることは、（水道のような）地域的ネットワーク活動と同様にまったく正確である。すなわちこうしたものが社会的資本なのである。

（10）一九九八年六月一五日付官報、三二六〇頁。

（11）貯蓄の美徳をこれらの階級に教育して「危険な階級を抑えるために」、七月革命による王政復古によって設立された金庫は、国家のコントロールのもとにあったが、シャルル・ジッドの「第三範疇」である、後援（パトロナージュ）に属していた。この組織が社会経済に関係し、そして何の準備もなく「一人一票」の原則に従っていたので、論争を引き起こした。旧い指導部は自分たちの権限を守ろうとして、選挙ルールをしばしば悪用した。だが、いくつかの地域では、労働組合や地域選出の政治家たちが協同体の発展を願って選挙提携を組むことができた。

第4章

社会的アクターの特性

われわれの調査の第一段階は、「ネットワークのトップ」との会合を重ねることにあった（ただ、ときには現場の当事者たちの意見を聞くこともあった）。この調査はついで、地域での公聴会によって、また現場の人びととの議論によって大きく拡張された。報告の準備段階から、サードセクター実現のために重要な役割を果たす社会的アクターを議論に参加させることが決定的に重要であると思われた。固有の発展のダイナミズムにしたがって、その実現を目指す社会的勢力によって推進される場合にかぎって、新しい制度的形態は実現される。具体的に言えば、この社会的勢力とは、すでに経済活動にもとづいて社会的、協同的な使命を果たし、すでに税制上、法律上の便宜を得ている「旧い」社会的セクターである社会経済と「新しい」社会的セクターである連帯経済の活動家たちである。

これらの社会的勢力はネットワークに編成されていて、一般的に同一タイプの組織にしたがっている。たとえば、社会統合のための企業ネットワーク（CNEI）、中間的なアソシアシオンの全国組織（Coorace）、社会的目的のためのアソシアシオンの全国連合（Uniopss）であり、そのなかには社会統合のためのアソシアシオンの団体（Fnars）、地区改善委員会の全国組織（CNLRQ）も存在する。経済活動による社会統合のための全国組織（CNIAE）は、現在活動中の主要分野を「監督」している。実際は、社会連帯経済のすべての組織と分野が関連しているのであるが、本書では、冒頭で述べた使命、すなわち、経済活動による社会統合の問題に重点が与えられている。

これらのネットワークはそれぞれが、ある意味で独立の法人のように「執政官室」をなしているようにも考えられる。そして、タイプごとにしばしば単独のネットワークが存在するだけであると考えられる。ところが実際にはそうではなく、同一タイプの組織が該当するネットワークにすべて所属しているのではない。だが指導者たちは、「われわれは、……」と言うのである（「政治的に、われわれが望むのは……」とさえ言っている）。自分たちの所属する組織のタイプを広めるという絶対的信念のために集まった活動家の**運動**であり、制度化された**運動**である。この絶対的信念はさらに行事（大会、研修）、そして憲章によって強められている。ここから、競合、競争、さらには（他者の眼からみれば）「偏狭的な」態度が生まれることになる。

意外なことであるが、これらのネットワークは、サードセクターの形成という問題を前にしては、制度的な変化のなかでバラバラになるのではなく、**全体として**認識されることを望んでいる。われわれの調査の最初の段階では、調査の対象となった当事者たちは、彼らが「過去において」相互におこなった批判（社会的排除と闘うための基本法の準備中に行われた批判）を過小評価していた。その代わりに、彼らは、予定されている制度変化によってネットワークの「絶対的信念」や制度形態が過度に変わることがないようにと（正当にも）願っていた。これは、地域ごとの公聴会で強められ、広げられ、深められた方針である。

このような姿勢は、うまく行くために決定的に必要な担保であると思われる。このような姿勢にしたがって、合意形成が模索されるだろう。その合意は概念的にはそれほど満足のゆくものではない（サードセクターの理念型が問題なのではないので）にしても、それぞれのネットワークが自分の伝統のなかに社会的な共通プロジェクトの源泉を見つけることができる。

以下ではまず、社会経済の三つの主要な担い手を紹介したのちに、「社会的目的をもった起業」をとくに代表するネットワークについて若干言及することにする。

アソシアシオンの曖昧さ

アソシアシオン組織は、雇用者の数でも、ボランティアの数でも、社会経済の中で群を抜いてもっとも重要な構成要素であるが、その中身は規模においても、活動領域においても、民間セクターの企業と同様にきわめて多様である。アソシアシオンの統一性は、フランスでもっとも有名な一九〇一年法にいずれも依拠している点で共通している。この法律の重要性について強調しすぎることはないのであって、この法律は、市民社会が行政の事前の承認を得ることなく、自己組織化する権利を政治的に規定している。アソシアシオンの世界の「公式的な宗教」においては、この法律はアソシアシオンの自由に関する憲章として認識されている。社会連帯経済のサードセクターの確立とこの法律の一〇〇周年を重ね合わせることは十分魅力的だとしても、新しいセクターの定義が、単に一九〇一年の法律の大幅な修正にすぎなくなってしまうことは危険である。

一九〇一年の法律は、まず市民的な自由、自律、そしてイニシアティブのための法律である。だが、この法律は、すべてのアソシアシオンは非営利的であるとはまったく述べていない。非営利的なアソシアシオンの税免除について規定しているのは、税法であり、財務省通達は税法にしたがっている[1]。したがって、すべてのアソシアシオンが連帯経済に所属しているわけではないのである。

他方、アソシアシオンはそのルーツにしたがって、シャルル・ジッドの言う意味での社会経済の運動のなかに位置づけることができる。すなわち、国家のイニシアティブを当てにせずに自分たちの境遇を改善しようという大衆の自己組織化の表現である「労働者のアソシアシオン主義」と、宗教的な慈善事業も含めた支配階級による生活困窮者向けの社会的慈善事業の全体を意味する「支援事業」との交差点に位置づけることができる。一九〇一年の法律は、教会と国家の分離、すなわち、教会が政治社会から市民社会に追放されたことと同一時期に成立していて、この法律によって教会には社会事業[2]という伝統的な連帯的活動のための中間的な団体としての新たな法的資格が与えられることになった。もちろんこれらの教会の活動は経済的な性質を帯びていた。だが、生活困窮者のための財やサービスの生産であったので、少しは商業的な性質を含んでいたが、大部分はボランティアであり、ともかく非営利的であった。

シャルル・ジッドとジャン・ジョレスが予言した発展にしたがって、アソシアシオン運動は、その五〇年後に、「大衆向けの連帯的サービス」というその主要な構成部分について、暗黙の目的が実現される事態に直面したのだった。つまり、福祉国家によるこれらの連帯的サービスの引き受けである。そして、アソシアシオン運動は、公的行政との合意によって下請け関係を結んだのだった（政府、地方自治体、社会保護、社会保障）。だが、所得再分配はもはや主として金銭的形態をとるようになったので、かつての「生活困窮者」たちは、社会的サービスのために行政によって購買力を付与されるようになった。それゆえ、アソシアシオンの運動は、大部分が商業的な活動に（ますます）向かうようになり、給与労働者の数も増えたが、同時に、公的セクターのルールにますます締め付けられることになった。

「黄金の三〇年」の終わりになって、福祉国家の後退が起こることによって、市民社会のイニシアティブが再び要請されることになった（それが、「代替的・連帯的」経済であった）。だが、このイニシアティブは通常、一九〇一年の法律にしたがった形態をとったのであり、その結果、アソシアシオン運動の統計的な中身も、一般的なイメージも何も変わらなかった。

今日、アソシアシオン運動はきわめてさかんである。フランスでは、給与が支給される雇用の五％、一二〇万人がアソシアシオン運動に従事している。つまり常勤雇用一〇〇万人に、非常勤のボランティア一〇〇万人を加えた規模に相当している。それゆえ、アソシアシオンは不況期の間、もっとも雇用を増やすことができた。一九八一年から一九九一年にかけて、四〇％、そして、一九九〇年から一九九五年にかけて、二〇％、それぞれ雇用を増やすことができた。健康と社会サービスの二つの分野で、アソシアシオンは支出の四七％、そして雇用の四六％をそれぞれ占めている。これらの分野に他の二つの分野、文化と余暇、そして教育と研究を加えると、この数字は八八％に達する。そして、当然のことであるが、文化と余暇の分野はボランティア全体の四七％を占めている。そして、この分野では「商業的、営利的」な可能性も生まれている。とくに一九三六年以降、アソシアシオンが庶民にとって余暇文化に接するための自然な形態となったが、全体的な生活水準の上昇によって、文化的なサービスや余暇も、「砂時計社会」のかなり低所得層まで支払うことのできる商品となったのである。他方で、これらの分野において、「アソシアシオンと連帯に固有」である要素を確定することは困難になっている。(3)

（一〇人のうち八人はアソシアシオン活動に関っている）フランス人にとって、ともかく、

「自律と連帯」という、アソシアシオンについてのイメージははっきりしている。調査の対象となった三一％の人たちはアソシアシオン運動へのモチベーションの要因として、「自ら参画すること」をあげていて、他の三一％の人たちは「他者のためになる」ことをあげている。(4)

アソシアシオンは、利他主義的かつ市民的なイメージを維持しているが、準公共ともみなされている。このようなイメージは二重の現実を反映している。すなわち、ジッドやジョレスの予言した百年に及ぶ、客観的な発展と、フランス的なフォーディズムの制度的な現実である。この特徴は資金調達に現れている。資金の五八％は公的セクターに由来している（資金の二五％は社会保障制度に由来する）。そして、二五％は拠出金に、さらに、七・五％は民間の寄付金に、一％は財団にそれぞれ由来している。この現実はきわめて強固であって、そのためにフランスでは、社会連帯経済が公的セクターに代替することは、市民権の拡張ではなく、むしろ「自由主義的な後退」として受けとめられることが多い。

だが、他のヨーロッパ諸国（とくに北欧の社会民主主義諸国）は、アソシアシオンに対してフランスよりも大きな重要性を与えている。雇用に占める割合は、フランスでは五％であるのに対して、北欧では七％である。そのフランスでは、なかでも「社会的サービス」

に対して他のヨーロッパ諸国の平均（二〇％）を上回る重要性（四〇％）が付与されている。

健康と社会の分野でアソシアシオンが下請け的役割を果たすことにフランスの特徴が存在したが、第二次世界大戦の終了時には、フランスは、その解毒剤として「大衆教育運動」を経験することになる。この運動には、「青年と文化のための会館」のような関連組織、そして「文化と自由」、「大衆と文化」、「青少年団体と大衆教育の全国委員会」（Crajep）、さらに農村会館、若年勤労者会館など個別の運動が付随していた。大衆教育は、アソシアシオン運動の代表団体（CNVA、CNPA）、あるいは、フォンダ（Fonda）のようなアソシアシオン運動の研究所と同様に、アソシアシオン運動の「集団的、連帯的起業」という信仰もしくは絶対的信念を保持することになる。それから三五年後、代替的、連帯経済への第一歩が記されたのは、大衆教育運動の圏内においてであり、そのさい、ベルトラン・シュヴァルツ報告の打ち出した試みは最初から支持されていた。

この大衆教育から生まれて、しかも、われわれのここでのテーマ、すなわちアソシアシオンによる社会的目的のための起業計画にアソシアシオン運動で唯一貢献したのは、大衆教育運動に関するものであり、この計画は、「青年と文化のための会館のフランス連合」

によって提起されたのである（メッス大会）。

共済組合運動

最初から完全に商業的なセクターであって、しかも民間の保険と完全に競合しているので、共済組合運動は、われわれの分析と無関係であるように思われる。その「連帯的」なルーツは疑いの余地のないものであるが、フランスの共済組合の指導部が国民皆保険制度（CMU）に関する論争のなかで取った態度は、そのイメージをいささか汚すものであった。だが、共済組合はすでにはっきりと「経済的なニッチ」を占めていて、三分の二の世帯に対して健康保険と自動車保険について補完的な保障をおこない、また全世帯の半数の住宅に対しても補完的な保障をおこなっている。逆説的なことであるが（あるいは、それほどでもないかもしれないが）、「市場と共にある社会」の一般的枠組にもっとも適応しているこの制度的形態は、利潤のための生産という支配的な論理に対する唯一のある程度の規模をもった代替的な形態となっている。サービス経済の比較的小規模であるが重要な分野（保険）のなかで、各家庭は自由に共済組合に加入することができる。共済組合が、営利的な市場セクターと同じサービスを、より安く、しかもよりよく家庭に対して提供することができるのは、その税制上の（きわめてわずかな）特権によってではなく、利益や株主のための剰余をもともと要求していないからである。

共済組合を代表する三つの組織（フランス医師連盟（FMF）、全産業共済組合（FNMF）、そしてフランス商工業共済保険（Macif））は、ごく自然に、社会的目的のための企業資金の調達や、これらの企業の取引先や下請けを選択するさいに、社会連帯経済の方向に積極的に参加する用意があるとわれわれに知らせたのだった。彼らの議論は、社会連帯経済はまちがいなく信頼を獲得する、というものであった。

共済組合と民間の保険を区別するのは、営利性の限定に加えて、リスク管理の技術的な相違である。共済組合の原則[5]と積立金の不分割ルールと加入者の非選別のルール[6]を組み合わせることによって、共済組合は保険会社よりもより長期的な運営が正当化され、またそれが義務づけられる。したがって、共済組合は加入者の（事故、病気などの）リスクを組織的に**予防すること**に関心をもつのであり、「依存しないですむ」人生の時期をできるだけ長くすることに関心をもつ。こうした結果を実現できるのは、社会全体に活動を広めつつ、ストレスを弱めて、共生性を強めて、環境を改善することによってのみである。共済組合はしたがって、社会連帯経済というサードセクターに典型的な活動の発展に特別の利害を有している。

こうした議論はわれわれの考えにきわめて近い。共済組合は加入、退出にさいして選別的でないので、プットナムの主張する「社会的資本」の役割をはたしている（本書、第1章、注(15)参照）。非排除原則（したがってリスクの内部化の原則）によって共済組合は、疾病の予防を合理的な戦略として考えることができるし、またそうせざるをない。不分割の自己資本と「同一の社会的目的」のために蓄積される余剰金の全体、そして予防の戦略、さらに会員による民主的な参加、これらによって、病気の予防だけでなく、「サードセクター」に固有の活動に資金が提供されるようになるのである。

協同組合運動——「生産協同組合会社（スコップ）」の例

協同組合運動は共済組合運動と同じように古くから存在するが、共済組合よりもはるかに多様である。第二次世界大戦後の妥協によって共済組合は保険の分野に限定されることになったのに対して、一九四七年の法律によって協同組合は生産者、農民、消費者、さらに銀行家の協同組合というように、さらに区別されながら、あらゆる商業活動に進出することが可能になった。この法律によって、「マルチパートナー」的な指導部を形成することは困難になった。「一人一票」の原則は、実際にはあらゆるタイプの人びとをまったく同一に取り扱わないことを意味している（数百人の生産者たち、そして数千人の消費者たち）。その結果、協同組合の形態を社会連帯経済に適応させるには問題が生じることになる。

だが、協同組合は、社会連帯経済の理想的な形態であるように思われる。協同組合は経済的な組織であり、何よりも匿名会社であり、商法の対象になっていて、（アソシアシオンとは反対に）関連する保障の対象になっている。また、協同組合が社会的な組織であるのは、積立金の不分割原理と民主主義のルールによってである。だが、協同組合は、組合員や協力的な投資家たちに配当を配分することができる。それゆえ、協同組合は積立金によって限られているにせよ、営利的な組織である。

資本主義において協同組合が収めた成功は、フォーディズムにおいても疑う余地のないことである。フランスの「クレディ・アグリコール〔フランス農協銀行〕」は、一時期世界最大の銀行であったし、現在でも最大の銀行のひとつである。[7] 協同組合は、古典的な資本主義を拒否することから生まれたが、生産主義的な原理を受け入れることになった。つまり、「他の民間企業よりもうまく」活動すること、そして優れた企業であることが問われたのだった。このことがとくに妥当するのは、生産者の協同組合、すなわち「生産」の協同組合運動であり、これは、スコップの全国組織、のちに「スコップ企業」(Scop-Entreprises)として再編成される団体によって組織されている。

スコップは熟練労働者の運動であり、一九八〇年代におけるフォーディズムの危機の犠牲となった。そして、社会的な、すなわち「代替的な」潮流がこの運動のなかで強くなり、第三一回全国大会（一九九七年）の決議を受けて、この運動の指導部はわれわれと会合することを決めたのだった。この全国大会の決議の第6章の抜粋は、コラムに記されている通りであり、スコップは社会統合や協同体的な目的のために活動することを決めている。[8] サードセクターに対して、スコップはとくにイタリアの社会的協同組合に言及することで説得力を増すことになるが、「協同組合」という「形態」とノウハウを持ち込むことができるのである。

このことは、スコップをサードセクターから遠ざけている一定の特殊性、すなわち賃労

コラム

「スコップの第三二回全国大会の決議抜粋」

協同組合運動は、イタリアの社会的行動組合のイメージにもとづいて、利用者、ボランティア、賃労働者の間の新しいパートナーシップの論理にしたがう特別な規約にしたがって今後活動することになる。

協同組合運動は、経済的困難にある人びとの社会統合を次のように補助する。

1　スコップが「社会統合のための企業」となって、これらの人びと（障害者、若者、長期失業者）の社会統合を進めるために支援する

2　社会統合のための特定企業と連携しつつ、雇用主の集団を作り出すことを支援する

3　社会統合に関するプロジェクトを包括するような経済活動の創設を支援する

4　社会的な発展に関する実験を拡張し、改善するための特別チームを創設する

働者だけの権限、そして「会員一人一票」の原則を放棄する必要を意味しているが、スコップは実際、その用意がある。ボランティア、利用者、社会的ファンドの提供者、そして地方自治体、これらの人びとをスコップの管理評議会に参加させることは可能であるにしても、一体、総会の決議においてどのような議決権を与えるのか。スコップは、本報告の調

査期間中を通じてこの問題について議論した結果、（協同組合運動全体を代表する）全国協同組合組織とともに、集合的利益のための協同組合企業（ＳＣＩＣ）の設立を提案したのだった。これは、おそらくもっとも十分に考案された社会的目的のための企業である。

最後の問題は、「営利性」についてである。経営の利益の大部分は、不分割の余剰金として備蓄されるのに対して、スコップは配当を会員、賃労働者ないし外部に分配している。この問題は配当の規制条項によって解決されるべきである。

社会統合の世界

一九七〇年代末以降、そして、一九八〇年代以降さらにはっきりと、次のような考えが広まった。「たくさんの失業者と充足すべきたくさんの需要！　供給と需要をなぜ一致させないのだろうか。失業の受動的な支出を積極化しさえすればよいのではないか！」このような単純な考えには、実際には複雑な問題が絡み合っている。需給を一致させるという仲介だけの問題ではない。

——まず単純なことであるが、雇用の供給は十分ではない（ないし労働の需要が十分ではない）。（「受動的な支出の積極化」によって」）労働コストを下げて一定の失業者に対して新しい需要を開拓することは、本書の第1章で述べたようなミクロ経済的なマイナスの効果の問題を引き起こす。「雇用を待つ人たちの行列の順序を変えないで」、しかも「現在の雇用を犠牲にする」ことなく、こうした方法で雇用を創出できるのは、民間市場の雇用と競合しないような、明確に限定されたセクターを創出する場合に限られる。

——長期に及ぶ失業は、失業者の心理状態を悪化させるし、また失業者の職業能力（「人的資本」）を破壊することによって、ついには一時的にせよ、求職活動が困難になるという問題を引き起こす。このようにして、社会的排除の過程が始まる（ないし加速される）。

これら二つの問題が一九八〇年代の初めに交差することによって、社会的勤労者の分野で、**社会統合**の考えが生まれることになる。ベルトラン・シュヴァルツの楽観的な考えによれば、社会統合によって新しい社会的機能をつくり出すことで、仕事とポストを得ることができるとされたが、しかし、この考えに対してただちにもっと限定的な考えが生まれた。すなわち、社会統合のコストをカバーする報酬、つまり、賃労働者の「標準化」[9]に見合う報酬だけを失業の社会的コスト（より正確には雇用者にとっての労働コストと被雇用者が受けとる給与との差額、つまり強制負担部分）とみなす考えである。この考えの対立は、本報告の前半部分で述べたように、「（何かに向かうための）橋渡しあるいは軌跡としての社会統合」か、それとも「結果としての社会統合」か、という対立である。後者によれば、社会統合のためのポストは、永続的な社会統合であって、もはや排除されなくなるようなポストでなければならない。

いずれにせよ、社会統合のための経済活動は社会的側面をもっている。つまり、生産しつつ、教育している。それは、社会にとって二つの富を意味している。われわれは、サードセクターのなかにいる。だが、「軌跡（ないしプロセス）としての社会統合」というヴィジョンは、「結果としての社会統合」よりもはるかに内容的に不十分である。

もっとも内容が豊かなケースとして、地区改善委員会は、シュヴァルツ報告にある潜在的な展望をすべて取り込んでいる。すなわちこれは、コミュニティの活動に関する永続的な雇用への統合となっている。対極のケースとしては、再雇用のための企業が他では定着できないような賃労働者を引き受けている。両者の中間的ケースとして、社会統合のための企業が、行政の支配的なモデルと協力しつつ、軌跡としての社会統合を行っている場合もある。

これは、経済活動による社会統合の全国評議会（ＣＮＩＡＥ）の見解でもある。この評議会は厳密な意味でのアクターではないが、社会統合のための「サブ・セクター」の関心事を反映している。この長所にはその裏がある。この評議会が原則として関心をもつのは「プロセスとしての社会統合」だけであり、異なるタイプの雇用支援（雇用連帯契約（ＣＥＳ）、雇用強化契約（ＣＥＣ）、若者の雇用）を受けるための条件に関心を集中させている。この限界内で、この評議会の見解は検討に値する。

――組織と法的資格の間の法的継続性の重要性。ＣＮＩＡＥによれば、「ネットワークのトップたち」は、社会的目的をもつ商業活動全体の再編成を望んでいる。つまり、社会的目的のための単一の商業構造の創出ではなく、異なるタイプの法人の全体的な整合性を実現することである。

――軌跡の継続性の重要性。（「状態」として）最終的な社会統合に至るまでの社会統合のプロセスにおいて、該当者は複数の組織を経由するよう要請されるので、これらの組織は地域ごとに組織されるべきである。

――社会統合のための企業の「相互学習機能」と呼ぶことのできる外的教育効果によって当該部門の民間企業による直接的資金調達を正当化することができる。この点についてはさらに検討すべきである。

われわれは、本章の以下の叙述において、軌跡としての社会統合という考えだけに固執しないことの重要性を強調しておきたい。だが、確認しておくべきことであるが、この考えは不十分であるにしても、必要不可欠な土台としての意味を持っている。外部の景気の状態が良好であり、マクロ経済政策が拡大基調であり、雇用を促進する構造政策が展開されていて（週三五時間労働）、将来における労働供給について人口減少が展望されているので、若干のメディアでは、「雇用しうる」労働力不足が懸念されている。構造的失業率は八％であっても、失業者の社会的・職業的な社会統合が完全雇用の戦略的なカギを握る。[10]もっとも注目すべきは、フランスで一九九九年五月から二〇〇〇年五月の間に失業率が一一・四％から九・六％に低下したことではなく、オランダの失業率が（三・四％から二・八％に）さらに低下したことである。これはフランスではほとんど不可能な水準である。[11]フランスでは民間セクターが専門的な職業教育（学習）に対してあまり貢献していないので、なおさら軌跡としての社会統合における相互学習という形態がきわめて重要となる。

地区改善全国委員会（CNLRQ）

経済活動により社会統合を目指すすべてのネットワークのなかで、われわれがまず最初に地区改善全国委員会を検討するのは、この組織がこの組織自身の使命についてとりわけ深い考察を行っていて、その結果、この組織は社会連帯経済のサードセクターの分野にもっとも近く位置しているように思われるからである。地区改善全国委員会の目的は、地区の協同的な発展のなかに失業者を統合すること、そうした発展が作り出す雇用を持続させることが組織の目的である。この組織の「目的」をよく表現しているCNLRQの覚書は、財務省通達作成の準備の一環として、当時、経済・財務大臣の官房長官であったソテール氏宛てに書かれたメモの一部であった。地区改善全国委員会は、その「混合的資金調達」の社会的、経済的な正当性について深い分析を行った。しかも、地区改善全国委員会は、「新しいサービス、若者雇用」のプログラムのなかですでに約二〇〇〇の雇用を創出することで合意している。

この運動組織は、この組織の委員会によって認定された「地区改善委員会」であるアソシアシオンから構成されていて、住民・賃労働者、資金提供者、自治体の三者代表制の評議会を有している。地区改善全国委員会は、その活動内容について厳格かつ、的確に規定し、その活動の目的を誇りつつも、理想的な組織について教条的ではない。むしろ、この組織の土台であるアソシアシオンの地位を改善して、制度的なイノベーションの効果を引き出すことに努めている（若者雇用）。この組織が考えているのは、地区改善委員会や友好的な社会統合のための企業を再編成して（スコップとして再編成することも可能）、全体的な枠組を作り上げることである（GIE〔経済的利害にもとづく集団組織、企業とアソシアシオンの中間的組織〕、スーパーアソシアシオン）。

地区改善全国委員会は、創出された雇用とそのコミュニティとの関係の「形式的」な性格に対してとくに注意している。この組織は、典型的な団体協約を提案し、入札においてその使命である「社会的ハロー効果」をコード化することに努めている。

社会統合企業、社会統合のアソシアシオン、そして雇用適応のための企業

社会的な勤労者の組織を母体にしているとはいえ、社会統合企業の全国委員会（CNEI）は、社会統合の隔離《ゲットー》化を拒否し、できるだけその「対象者たち」を「普通の」企業に近づけ、労働法が完全に適用されるように努力している。一定の社会統合のための企業は、新しい市場の開拓にきわめて熱心である。「特典」を享受していない競争相手からの批判

を受けて、社会統合企業は雇用の永続化という目的をあえて掲げようとしなかった。「架け橋」の論理と「永続化」の論理の間にははっきりと矛盾が存在する。そして同一の組織が二つの目的にしたがうことは困難である。

社会統合企業について言えば、ほとんどが匿名会社ないし有限会社であり、残りはアソシアシオンである。協同組合は例外である。社会統合企業は「臨時」の雇用者を抱えているが、いかにしてかれらをスコップの現在の規約における会員のようにみなすことができるだろうか。

社会統合企業は、自己資本の弱さについて不満を述べている。社会統合企業が〔営利目的でない〕アソシアシオンの場合、シガール〔第1章参照〕にさえアクセスできない。ここから、配当は少ないが税制的特典を享受する資本へのアクセス権という要望が生じたのである。それが、社会統合のための産業発展促進貯蓄口座〔Codevi〕であった。低賃金への一般的な税免除と比較して、社会統合企業自身の税制上の社会的な特典は少しずつ弱められている。社会統合企業は学習のための税を課されているが、社会統合企業は研修の供与者であり、むしろ税を受け取る権利があると言える。

現場の人たちとの議論から、別の矛盾を引き出すこともできる。社会統合企業の創意工夫によって（リサイクルのような）市場を開拓したり、低労働コストによってのみ存在しうる（資本集約的でない）技術を開発することもできる。このことは、「社会的特典」が維持されるかぎりでのことであるが、雇用の持続化の可能性があることを意味している。しかしそれは「軌跡としての社会統合の論理」に反することになる。さらに、このような社会統合企業の雇用者（幹部にしろ社会統合の対象者にしろ）は、きわめてモチベーションが高い。かれらは生産システムを開発する意思のある「上級者」であるが、彼らはそれを、自分たちを低生産的と断定する「社会的処方」の枠組の中でしか行うことができない。加えて、他の雇用者たち（きわめて重度のハンディのある人たち）も、他の社会統合の道がない以上、なおさら持続的なセクターを作る必要があるのである。

以上の理由によって、一方で「個人への社会的処方」としての側面を限定し他方で明示的な目的と「職業研修」の効果に対する明示的な報酬とともに「企業協定」としての側面を強めることの重要性を確認できる。

（個人への社会的処方と組織の目的という）二つの側面は、社会的に重度の障害者の場合、持続的にリンクしているので、持続的な社会統合のために決定的に重要な税制上の特権のあるサブ・セクターを考えることができるが、これは「限界への移行過程」として観察することができる。すなわち身体的、精神的障害者について、その受け入れ企業は障害者労働を雇用する企業の全国組織（Gap・Uneta）〔現在ＵＮＥＡに改組されている〕として編成されている。この二重の呼称は、「保護されたアトリエ」という弁解的なイメージを脱して、「障害者の労働のための企業」というより積極的な企業イメージを促進しようとする意思を表している。

肉体的、精神的障害者の場合、現実は、社会的、職業的不適応者の場合よりも残念なことにいっそう客観的で持続的であり、軌跡としての社会統合の考えは、ここではほとんど意味をもたない。労働省のデータによれば、その低生産性（かれらの自身の生産性では必ずしもない。つまり、身体的な障害は雇用ポストへの適応にコストがかかる）を考慮に入れた補助金を計算に入れて（現在一％であるが）最大四％までの障害者が通常の企業に統合されうる。その結果、少なくとも九六％については、職業的な「社会統合」は持続的な適応ポストにおいてその場その場で実施されるか、されないかである。社会的な障害がときには持続的な低生産性に行き着くこともある以上、この問題は、身体的な障害のケースに限られない問題となるのである。

失業者支援団体連合（Coorace）――中間的アソシアシオン

労働組合員と失業者の団体が、暫定的に商業税を免除された形態で「失業者を仕事に戻す」ために組織した中間的アソシアシオンは、地域交換システムのように、行政の好意によって法律に先行することになった。

最終的な雇用主に対してしか中間的でなく（企業、アソシアシオン、あるいは――四五％は――個人である雇用主）、それ自身商品を生産している企業ではないので、これらのアソシアシオンは、本当にわれわれの研究対象になるのだろうか。たしかに、そうなる。なぜなら、（かれらにしてみれば）雇用促進全国組織（ANPE）や暫定的な社会統合のための企業以上に、これらのアソシアシオンは、それ自体失業者を社会的に受け入れるという社会的使命をもっている。失業者の自信を取り戻させて、烙印が押されるのを避け、特定の経済活動を行いうる活動部門に移動させることが、これらのアソシアシオンの目的である。こうした幅広い「社会統合のための仕事」は、賃労働者とボランティアから構成される人たちによって行われている（これは、アソシアシオン形態で実現している社会統合企業との大きなちがいである）。社会統合のアソシアシオンは、したがって、社会連帯経済の**セクター**に所属している。この意味でこれらのアソシアシオンは、地区改善委員会（これらは職業斡旋団体でもある）とその地区とのつながりを有するということも含めて同様の考えを持っている。これらのアソシアシオンは、したがって、（イタリアモデルの表現によれば）「コンソーシアム」の参加者であり、これによって、社会的目的をもつ雇用組織と協力している。

さらに付加すれば、これらのアソシアシオンは特定の個人への職業斡旋活動を行っているかぎり、「家族的雇用を職業化する団体」としての役割を果たすこともできる。これらの職業斡旋団体が主として発展しなければならないのは、おそらくまずこのような分野においてである。そこでは雇用者はほとんど必然的に個人的活動を有することになるが、それでも、集団的な組織を必要とする。というのも、個々の賃労働者が自力で立ち向かわねばならない孤立状態から、財政的・心理的に労働者を保護し、彼らを職業的に教育し、彼らの経験を共有するためには、集団的な組織が必要となるのである。

社会的排除の周辺において――ユニオプス（Uniopss）とフナール（Fnars）

社会と衛生に関する慈善団体と私的な組織の全国組織（Uniopss）は、慈善団体という「社会」の古典的なセクターで活動するアソシアシオンの巨大な組織である。この意味で、ユニオプスはわれわれの分析対象の大半を占めている。

アソシアシオンが生まれるのは、その定義からして、既存の組織によってカバーできない必要に答えるべく市民たちが自ら組織することによって生まれる。「社会的慈善事業」に関する労働者のアソシアシオン運動は、宗教的組織や同様の目的をもつ経営者の事業への反発から発展した。この論争は消え去り、社会保障制度も確立したので、「社会的慈善団体」は、宗教的であれ世俗的であれ、みなユニオプスという同一のネットワークに集められた。このような長期的な伝統によって、ユニオプスは一歩下がって行動する余裕をもっている。ユニオプスは、ある一時期において社会的、アソシアシオン的であるものの時間的限定性について意識的である。つまり民間セクターによって充足されないような需要の分野は、アソシアシオンによっていちど開拓されたのちに、民間によって再度引き受けられることがありうる。(12) おそらくそのせいで、ユニオプスは、「社会的目的をもった商業的活動をおこなう法人」としての特別な法的資格を要求しないのである。ユニオプスはむしろケースごとに法的資格を選択している。

　したがって、ユニオプスは、企業や協同組合に対して、アソシアシオンとしての一定の特殊性について強く意識している。

――権限の問題――ボランティアと利用者は、ともに組織の運営に参加できなければならない。

――「営利的」な目標――ユニオプスは、ファンドの配当を排除していないが、それは的確に枠づけられている（すでに見たように、アソシアシオンはシガールにさえアクセスできない）。

公的セクターに対して、アソシアシオンは、単に公的な行政の手段としての「供与者」に留まるだけでなく、（新しい解決方法、新しいサービスの）「提案者」であろうと努めている。

要するに、きわめて強力な組織であるユニオプスは、シャルル・ジッドの言う意味での社会経済の緊張と「社会的問題」に関する二世紀に及ぶ記憶をすべて体現している。すなわち、公的サービスを引き受けて、自ら公共行政機関となるという熱意と、自分たちの運命、さらにコミュニティの運命を自分で決めるという市民の願望との間の緊張関係である。この緊張関係は法的側面に反映されている。ユニオプスは、「社会的効用」をめぐる境界はあいまいで時間的な特徴をもっていることを理由に、一方的にアソシアシオンの統一性を断言すると同時に、このうちのいくつかを「選抜」しようとする財務省通達の動きを裁判に訴えることにもなった。とにかく、ユニオプスは、一九九七年一月までアソシアシオンの全国組織と関係省庁との合同の会議において行政と何年も話し合う用意があることを示したのであり、あらゆるアソシアシオンが必ずしも「社会的、連帯的」ではないことを示しつつ、「アソシアシオンの社会的効用の承認」というラベルを定義しようと努めたのである。

具体的には、六三万人の雇用者（四二万人の正規従業員に相当する）を雇い、全体で二〇〇億フランのうち七九〇億フランの資産を有するユニオプスの基本的活動は、社会保障制度が負担する衛生分野に所属している。アソシアシオンの中心は、介護施設の管理であり、したがって、商業税が免除される正当性は明らかである。これらのアソシアシオンの社会保障負担を免除しうるかどうかは、公認会計士の判断に委ねられる。社会保障制度による支給で維持されているアソシアシオンには社会保障負担を免除すべきなのか。同じようにこれらの職員に対して税負担を免除すべきか、という問題も生まれる。こうした「会計的連結」によって、たしかに一見、国民負担率を下げることはできるが、こうした表面的な改善を重ねても、大きな改革には至らないであろう。

社会保障負担の問題は、反対に、社会的不幸を取り扱うユニオプスの目的に関わっている。そして、経済活動と社会再統合、そして排除の周辺、これらは、フナールの担当分野である。

フナールは、社会的な受け入れと再適応のアソシアシオンの全国組織であり、ユニオプスの一組織であるが、重度の社会的障害者の再統合に関わっている。身体的な障害はフランスでは「規準化」が進んでいるのに対して、社会的障害は雇い主と賃労働者の関係に属する概念である。だが、社会的障害は実際には認知されていて、「社会的な宿泊と再適応のセンター」（CHRS）は労働法にまで及ぶかたちで、行政的な特典を受けている。それゆえ、フナールの法的資格は（仕事をもつ最低所得保障の受給者の法的資格と同じように）他の組織の法的資格と異なっている。実際、CHRSは、フナールの三分の一の会員しか占めていない。「日常生活への適応センター」（Cava）は、そもそも宿泊センターに関連する施設であったが、しだいに自律する傾向をもっている。フナールは、さらに**社会統合のための作業場**を組織していて、連帯的な雇用、さらには連結された雇用契約を組織している。これらの作業場は、（環境などの）サードセクターの「協同的利用」の目的に従うことがもっとも多い。

現実には、フナールは（宿泊に加えて）ますます中間的企業に関連する諸組織の再編成になっているが、「極端な排除」のための収容（エマウス（Emmaüs）はその一部である）という元来の特徴を残している。そこから、コミュニティ的な力強い文化が生まれてくる。すなわち貧困者は、相互に助け合いつつ、全員が貧困から抜け出すべきであり、これは全員にとっての問題である。この特徴の裏にあるのは、すでに述べたように、しばしば労働の社会的法規に対する違反である。すなわち、基本的に「緊急避難」にとどまる施設における活動に対する——労働法規定外の——低報酬の問題である。

ここで、ある誤解を取り除いておこう。フナールはこの低報酬の実践を擁護してはいない。フナールが望んでいるのは、むしろ通常の企業の要求に従うことのできない人びとに社会的権利を適用することである。だが、何万人かの特定のケースをカバーしようとして、雇用者全体を不安定化しかねないような特例を設けることは、必ずしも名案ではない。これは、現在のところ解決が見つからないような難問である。というのも、低報酬は賃労働関係を表現してはいないからである。もっとも単純な解決は、**労働法以外**の法律によって収容センターにおける小額の報酬の存在を認めることである。このように厳密に枠づけることで、小額の報酬を受け取る雇用者は、「日常生活への適応センター」のなかで連帯的雇用契約によって働くことができるだろう。要するに、フナールは「独立勤労者」としての社会統合を提起しているのであり（CHRS「社会的な宿泊と再適応のセンター」に所属する職人たち）、（地域交換システムと同じように）サードセクターの分野を勤労者にまで拡大することを意味しているのである。

小額の報酬を受け取る勤労者や連帯雇用契約(13)と同様に、フナールのようなタイプのアソシアシオンは、「強制的負担部分」について最大限の負担免除を受けている。これは、サードセクターのマクロ経済的論理にかなっている（そして、そのミクロ経済的な理由もこの場合、明白である）。だが、だからといって、財政上の問題がないわけではない！　その「顧客」からしてフナールは、とくにその運営のための「知の交換」にともなう高いコストを強調している。ボランティアの支援にもかかわらず、現場での運営費用は高い。緑地を復活させるために社会的排除者を社会統合させるためのセンターをいかに組織するかを説明するためにフランスの隅々まで駆け抜けても、そのコストは活動家本人以外に誰も負担しようとしない。最後に、不動産の取得のために資金を調達するという問題も生じるのである。

したがって、このセクターから「リレー」（Le Relais）〔病気に関する患者、家族の相互扶助のためのアソシアシオンとして、一九八九年、ジュネーブに誕生〕というもっとも根源的な社会的目的をもつ企業が提起されるに至ったことは当然である。この点については、後に検討するが、この運動は、公的セクターがあらゆる自己資本を提供できるような協同組合を作り出すことになる。

文化活動

すでに序論で述べたように、文化活動の問題を掘り下げることは困難であった（同じように、公正な取引という問題について掘り下げることも困難であった）。だが、社会連帯経済から文化活動を排除することは、理論的にも、実践的にも、文化的にも大きな誤りになるであろう。文化活動はサードセクターの原型を提供している（モリエールと盛名劇団という協同組合）。大衆教育の運動と「青年と文化のための会館」（ＭＪＣ）を通じて、文化活動は、フォード主義時代の信念を保持しているので、フォード主義時代の精神と様相を保持している。それゆえ、本報告の作成者が、彼らの求めに応じてアソシアシオン・ラジオのような、演劇の中間的運動の活動家たちと出会うことになるのも当然であった。

すでに述べたように、「演劇の断続的な組織のあり方」は、（演劇の契約時間以外の）従業員、芸術家、そして技師たちの「一般的な」労働時間に対する社会的補助として機能しているユネディク（Unedic）のような社会保障の特別のルールを通じて、連帯的なミクロ経済の論理を部分的に実現している。

したがって、演劇会社（とくに上演演劇）の社会保障負担、税負担の問題、そしてこれらの企業の法的資格の問題は未解決のままである。というのも、組織として断続的な法人、あるいは少なくともその従業員が賃労働者であったり、失業者でありながら、組織を「ボランティアで」動かしているような法人だからである。スコップの運動でさえ、その従業員が全員同時に失業するような組織を認めることに慎重であった。したがって代替的な解決方法は、アソシアシオンである。だが、厳密な意味での経営者の「非利害性」のルール（アソシアシオン事務局への非報酬）によって、善意で働く人々のなかにリーダーを見出す、あるいはアーティストに実際のリーダー、あるいは従業員の管理者を見出すことを余儀なくされる。その結果、実際の指導部と形式上の指導部の間に危機的状況が生じうる。あるいは、指導者が営利的な経営に巻き込まれる可能性が生まれる。[14]

ユフィスク（Ufisc）[15]と財務省の交渉によって幸いにも一定の原則が引き出されている。「社会的な目的をもつ」文化的なアソシアシオンの果たす役割は明確に認識され、一連の規準によって「ショー・ビジネス」とははっきり区別されている。観客の社会的各層への拡がり、演劇の実験的性格、アーティストの無名性、文化的な荒廃地での公演などである。雇用された指導者の地位、そして（評議会によるコントロール下における）その経営上の役割は、幅広く、柔軟な意味で理解されている。

いずれにしても、このケースでは、財務省内部の賢明な動きによって、社会的適応に関わるイノベーションが可能になった。立法府自身が担当すべきであったかもしれないと言うこともできる。このような成果を確実にするには時期を失していないのであり、たとえば、同様の問題を抱えているラジオのアソシアシオン組織のケースに適用することも可能である。

注

（1）法務省がときには詳しい見解を述べねばならなかったのは、一定の財務省の役人たちが財務省通達にもとづく交渉において、法人に対してアソシアシオンとしての資格に異議申し立てができると主張したからであった。

（2）今日でも、慈善修道会は、社会・衛生に関するアソシアシオンの巨大な組織であるユニオプス（Uniopss）に所属している。

（3）とはいえ、このことは、「社会的に排除された人々のための余暇」の隔離区域《ゲットー》をつくりなおすことを意味しない。その逆で、「社会的な混交」を実現する必要がある。

しかしそうなると今度は、財務省通達における「公共のため」という規準を満たすことが難しくなる。一般に、社会活動をもっとも必要とする人々に限定しようという社会＝自由主義的な傾向に反して、これらのアソシアシオンは、その社会的な目的のなかでアソシアシオン活動の対象となる人々の「社会的混合性」を維持することができるのである。

（4）これは、アソシアシオン主義の社会心理学のルーツについてジェラール・マンデルが「行動＝権力」に関して行った分析を確証するものである（先述参照）。

（5）図式的にいえば、共済の原則は、資本化における配分のように保険原理と対立する。

（6）とはいえ相対的な非選別である。共済組合は加入者の職業ごとに編成されているが、すべての社会的職業のリスクは同一ではない。繰り返すことになるが、そこから、CMU〔フランスに三カ月以上定住し、どの保険にもカバーされない人たちに対する普遍的健康保険制度〕への一定の戸惑いが生まれる。

（7）このような動きは、一九九七年の景気回復においても見られ、市場シェアを含めて、すべての協同組合、とりわけ銀行部門でその数は増大している（フランスの金融機関の二〇％は協同組合関連である。協同組合銀行は貯蓄金庫から一〇％の資金提供を最近受け取ることができた）。以下を参照のこと。*Rapport du Conseil supérieur de la coopération 1999*, DIES, mai 2000.

（8）この点は、二〇〇〇年の大会において決議された。

（9）われわれがすでに本書の前半のコラムのなかで確認したように、低賃金の社会保障負担の削減に関する現在の政策は、徐々に最低賃金のレベルにまで強制負担部分（租税プラス社会保障負担）を削減しているので、社会統合のための活動は強制負担の免除しか享受できないことになる。要するに、民間の賃労働者が、今日、社会統合を「食い尽くしている」。したがって、職能にかかわる暗黙のヒエラルキーがどのようにしてこうした不合理を形成しているのかを考える必要がある。次のように考えることができる。最低賃金は社会統合された個人の技能を反映している。つまり現代社会において賃労働者の基礎を形成している（読み書き、計算、キーボード入力、定時出勤など）技能である。そしてこの場合、租税から社会保障負担にまで適用される累進徴収の原則にもとづいて、強制負担部分はきわめて低額でなければならない。こうした「基礎的水準」は社会的な成果であるので、雇用主は賃労働者に与えるポストがどのような技能に見合っているかを示す義務を負っている。

だが、その場合、社会統合のための企業が経済活動によって実現する「協同体へのサービス」は、失業者に対してこの基礎部分を提供する（非社会的状況から脱する、そして労働世界から遠ざかった状況から脱する）、あるいは、当該産業部門に特殊な技能を提供する（建設やレストランなど一連の職業のための「相互的な学習」）、あるいはこれら両者を提供することになる。第一の場合、政府はこのサービスを評価して対価を支払わねばならない（強制負担部分の変化とは別に）。第二の場合、産業部門がこの対価を支払うべきである。最後の場合、政府と産業組合がともに支払うべきである。

(10) 肉体的な仕事においては熟練労働者が不足していることを強調しておこう。一九九九年一二月の嵐によって生じた損害に対応すべく、社会統合の諸機関は樵の仕事を提供した。

(11) フランスの統計学者は、オランダの統計において障害者が寛大に取り扱われていることを意識的に強調している。オランダでは障害者を特別に扱うことで、求職者の数を人為的に低下させることができ、あるいは、仕事の供給を人為的に増やすことができる、と。実際にはオランダの雇用率(すなわち、就労可能年齢にある総人口に対する雇用者数)はヨーロッパでもっとも高い。オランダでは障害者を是が非でも働かせようとはしないにしても、少なくともすべての障害者が社会統合すべきであると考えられている。

(12) ユニオプスの担当者が話してくれた例によれば、フランスでもっとも盛んなスポーツであるカヌー・カヤックは、スキーやヨットとちがってそれほどお金のかかるスポーツではないが、まずアソシアシオンの形態で発展した。

(13) 若年失業者向け研修(TUC)と反対に、連帯雇用契約(CES)は、社会保障負担を免除されているが、労働法の適用を受ける。一定の官庁が連帯雇用契約についておこなった好ましくない利用の仕方(つまり、連帯雇用契約で支払われた熟練技能の失業者を「通常の」賃労働者に代替する)は、賃労働者のコストを補助することによって失業への受身的な支出を積極化させる政策にともなう、しばしばなされる逸脱である。重度障害者のための職業支援センターの方法は、少なくともこうした逸脱を避ける長所があるが、それは重度の社会的障害者に限定されている。

(14) 一般的に、「非利害的な」運営という原則のために、貧しいアソシアシオンの管理者たちは、パトロンのような役割を果たすことになる別の雇用主を求めている。そこから、虚偽の名前を使っているというアソシアシオンへの非難が増えることになる。

(15) ユフィスクは「文化活動の実践のための連盟」として財務省通達の適用を交渉するために設置された。この団体は、上演演劇に関するいくつかの調整組織のアソシアシオンから生まれた。たとえば、ロック音楽のフェドュロック（Fedurok）、上演演劇の会社であるフェデルシ（Federcies）、街頭芸術連盟（その会長であるルイ・ジョワネはユフィスクを指導している）などである。

第5章

法的枠組の整備

本報告の中間報告では、「社会的目的のための企業」[1]に関する法人の法的資格の問題に対して二つの解決方法をあらかじめ示していた。より優先されたひとつは、具体的には協同組合とアソシアシオンを意味する社会経済の法的資格を「柔軟にする」ことであり、もうひとつは、まったく新しい法的資格を作ることであった。実際には、（かなり類似する）二つの提案は、すでに第二の解決方法に見合っていた。すなわち、「リレー」運動が提起した「社会的・経済的目的をもつ企業」と、下院議員ギイ・アスコエットが提案した「社会的・環境的・文化的効用をもつ企業」（Eusec）である。諮問依頼状によって引き起こされた社会経済における論争は、アソシアシオンの世界から生まれたプロジェクトの存在を明らかにした。このプロジェクトは、青年と文化のための会館のフランス連合（ＦＦＭＪＣ）によって推進されているものだが、協同組合の全国運動およびスコップの全体連合の活動を刺激することになり、集団的利益にもとづく協同組合会社（ＳＣＩＣ）のプロジェクトに行き着くことになった。

この論争は、外国での二つの経験を土台にしている。すなわち、ベルギーの社会的目的のための企業とイタリアの社会的協同組合である。この論争によって、さらに、アルザスの地域的特性に根付いているフランス商法の（未だ廃止されていない）特殊性が存在することも明らかになった。

ヨーロッパの経験

ベルギーの社会的目的のための企業（EFS）が有する主要なメリットは、非営利的なアソシアシオン（ASBL）の組織を商業的企業の組織に向けて「改変できる」ことにある。しかも、その際、必要となる厳密さを保ちつつ、商業会社にも社会的「目的」を果たす可能性が開かれている。実際には、社会的目的のための企業とは、二つの相異なる種類の法的資格にもとづく組織にあてはめられた共通のラベルであり、共通の法的な制約によって、これらの企業は社会経済のなかに含められる。すなわち、組合員の最大投票数は制限される。また、積立金は分割できないし、同一の社会的目的のために使用される。さらに、自己資金への利益は六％に限定されている。

その結果はきわめて明白である。約五年の間に、「社会的目的をもつ」約一〇〇の企業が出現した。その理由は何だろうか。最初の法律において、非営利的なアソシアシオンに課される厳密な制約に対して、あるいは匿名会社に強制される利益の制限に対して、いかなる税制的な保護も与えられなかった（配当をめぐる保護を除けば）。ベルギーの連邦主義がますます複雑化していったことを想起すれば、このような重大な欠陥に対して即座に対処が施されたと想像するのは困難である。要するに、「混合的資金調達」は、ベルギーの社会的目的のための企業（ＥＦＳ）の定義とはなっていない。われわれがこのベルギーの実験から引き出すことのできる教訓とは、税制から始めること、ということである！

にもかかわらず、「企業」という言葉の持つ魅力によって、ベルギーの例は数多くのフランス人を魅了した。この言葉は、（経済的活動と相容れない）「アソシアシオン」のもつ会計的な曖昧さと対極のイメージをもっていた。「社会的目的をもつ企業」という矛盾した表現は、連帯と自律という二つの理念の結合という考えにマッチしていたのである。

だが、象徴的な世界では、「協同組合」というもっと適切な答えが存在した。ここから、「協同組合」に対するイタリアの連帯経済、あるいは「社会的協同組合」の世界での高い評価が生まれたのだった。このイノベーションの大きな成功は、たしかにイタリアに一般的に見られる社会的文化に負っている。社会的な協同組合の加盟カードがもっとも普及しているのはイタリア北部と東部であり、これらの地域は古くから共産党ないしキリスト教民主主義の支配下にあって、濃密な「産業地区」[2]の特徴を有していることで有名である。互酬的な文化が連帯経済の土台となっていて、その結果、市民たちは社会問題に対処するさい、協同組合を設立することができる。また、地方自治体も、これらの協同組合と連携をとることができ、さらに、協同組合は「苺畑」に変わる、つまり、一定の規模を超えると、コンソーシアムを形成して協同で相互的に権力を管理して仕事を配分し続けることができる。[3]

法律的には（一九九一年以来）、二種類の社会的協同組合が存在している。タイプAは、コミュニティのサービスに関するものであり、タイプBは、社会統合に関するものである。社会的協同組合は、全体的に協同組合共通法に依存しているが、五〇％までボランティアを含んでいて、少なくとも三〇％は、社会的租税負担を免除されるような社会的弱者を含んでいなければならない。タイプBの協同組合は、さらに、公的市場において優先的なアクセス権を有している。これは相対的に柔軟な法的資格であり、イタリアの地方自治体の自律性とうまく組み合わされている。さらに、付け加えておけば、イタリアの「社会的な目的をもっていない」数多くの協同組合も、たとえば小規模の観光スポットの管理のような地域開発や住民のためのサービスの提供のイニシアティブを組織している。

われわれがここで注意したいのは、アソシアシオンと協同組合を関連させるという問題をきわめて容易に解決しているそのやり方である。すなわち、ボランティアに投票権を与えつつも、それも、従業員が投票の多数を保持する範囲内に限られる。

これらの外国の経験に加えて、フランスの特殊性を指摘しておこう。一八八九年と一八九八年のドイツの法律に遡るようなアルザス地方の法律が存在する。この法律によって、一九〇一年のアソシアシオンの法律（アソシアシオンを容易に商業的営利活動に引き込むことができる）よりもはるかに柔軟に、しかもいっそう堅固に（一九〇一年の法律では、国に対するアソシアシオンの独立性は強くないので）アソシアシオンを定義することができる。とくに、この法律によってアソシアシオンと協同組合の混合体をつくることができ、あらゆるパートナー、ボランティア、そして利用者などに開放できる組織をつくれるのである。

フランスにおける社会的目的のための企業の提案

「リレー」運動による社会的目的のための企業の提案とアスコエット法案は、本章の末尾の表に整理されている。この表を見ればわかるように、これらの提案は協同組合と関連している。唯一の相違点は、従業員は社会統合の過程を通じて企業に入ることになるが（ただし継続的な雇用のため）、三年の期間が投票に参加するために必要である（彼らはしたがって、「一時的な社会統合」であれば、原則として権限は与えられない）。これらの協同組合員は自己資金を提供しないので、自己資金は他の社会的目的のための企業や「復職のための連帯的な（公的）ファンド」、さらには寄付から調達される。「社会的・環境的・文化的効用をもつ企業」（Eusec）は、社会的効用については（持続的な社会統合に加えて）、集団的な効用のための財とサービスのリストを明示している。先の二つの提案はともに税制上の優遇措置を主張している。商業税ないし研修税の部分的な免除と経営者の社会保障負担の免除（「社会的・環境的・文化的効用をもつ企業」の場合）である。

要するに、こうした組織は調査された分野のごく一部であり、スコップの「柔軟化」を意味している。スコップに対してアソシアシオンの税制上の優遇が拡大され、さらに、公的な資金の提供が可能になったケースである。

これらの（重要な）優遇措置は、過度に競争的でない法人やしっかり認証された法人に対してしか適応されないだろう。そのため、県単位での認可手続きが必要になる。それに対して、管理組織は、内部の「マルチ・パートナー」によるコントロールをまったく想定していない。つまり、正規の従業員だけが権限を有する。

社会経済に由来する諸提案

すでにおわかりのように、アソシアシオン運動や協同組合運動から生まれた諸提案は、社会経済に固有である営利性の制限を再確認し、さらにそれを強めている（分割不可能な積立金、積立金は同一の社会的目的に再投資されるなど）が、それらは、アソシアシオンと協同組合を分離している隙間を埋めようとするものである。つまり、マルチ・パートナーシップの可能性を開くことであり、そのさい、（上記の提案と同様に）その名称と税制的な優遇を与えるための認可手続きは、外部の組織に委ねられることになる。

内部権力のマルチ・パートナーシップ的な性格こそ、掲げられた「社会的目的」を保障する第一の担保となっていることを自覚しているので、アソシアシオンと協同組合は、「一人一票」の原則を尊重しつつすべてのパートナーを一緒にすることの困難に直面する。アソシアシオンの法的資格によれば、必要なだけのパートナーを並存させて管理評議会を自由に設立することができるが、従業員の側に限界がひとつある。これは、ＦＦＭＪＣの提案がアソシアシオンのなかで選出された従業員を管理組織に参加させることで除去しようとしている最後の硬直性である。全国アソシアシオン協議会（CNVA）が一九九五年から一九九七年にかけて社会的効用の認証に関する交渉の中で擁護した見解から示唆を受けて、FFMJCは、社会的目的を有するアソシアシオンに固有の項目である第Ⅳ項を一九〇一年の法律に追加することを提案している（ここでの社会的目的とは、本書の前半部分で述べられている社会的、環境的、文化的な効用のことである）。この承認は、地域の合同委員会（アソシアシオン＋行政）によって交付され、必要な場合、全国委員会で再検討される。

協同組合の全国運動（GNC）について言えば、この運動は協同組合の形態を全面に出すためのしっかりした決意を持っている。そして、一九四七年以来の一般的な印象や実務経験に反するのだが、協同組合という形態が一九四七年の法律の枠内におけるマルチ・パートナーシップによる管理にとっての障害であるとは判断していない。このような判断は、GNCは、スコップ全国連合に委託して、集団的利益のための協同組合的企業の機能によって生じる法的問題に関して二〇件の実例の調査を依頼した。(4) これらの調査は、公衆衛生の研究調査機関（DIES）と雇用・研修・労働の総局によって署名された「実験協定」を土台にして二〇〇〇年六月から二〇〇一年一月までに広げられ、協同組合の管理に関して、複数のタイプの組織が、法人の参加を含めて、また投票権に比重をかけて、それぞれ実験された。

この論争において認識すべきなのは、協同組合が、上記の実例におけるアソシアシオンや新しい社会形態の促進以上に起業のあり方として、ダイナミズムを示したことである。協同組合は（もともと商業会社であるので）アソシアシオンの形態よりも銀行から手厚い保障を得られる。その結果、将来的に、自分たちの経済的役割をはっきりさせたいようなアソシアシオンにとって、集団的利益のための協同組合会社が魅力的な制度となることは十分ありうる。したがって、アソシアシオンの法的資格から協同組合の法的資格への移行を容易にすることはきわめて重要である。このことは、すでに四〇年前からアソシアシオンの形態で存在しているリサイクル会社であるベルジュレット工房*の実例が示していることである。

＊一九八〇年代に、途上国の発展と若者の相互扶助のためのアソシアシオンから生まれた。エコロジーの視点に立って、浪費を批判しつつ、主として家庭の廃棄物のリサイクルに関わっている。

税制に関して、ＦＦＭＪＣの提案によれば、付加価値税と従業員の所得税が免除されることになるが、これは必ずしも賢明なやり方ではない。すべてのアソシアシオンは財務省通達を受け、その結果、多大の中間的支出を想定しなければならないアソシアシオンにとって、付加価値税はむしろ有益であると認識されたのである。したがって三つの商業税（従業員税、付加価値税、利潤税）をそれぞれ個別に引き離して、免税の可能性についてもっと慎重に検討することが望ましい。

集団的利益のための協同組合会社の提案に関して言えば、この提案は、スコップの伝統的な税免除（従業員税）や社会的資本の形成が促進する投資と積立金の税免除だけで（きわめて控えめに？）満足している。

要するに、巨大な社会連帯経済のセクターに属する法人は、アソシアシオンの法的資格（それは、つねに柔軟性をもたらしてくれる）か、それとも集団的利益のための協同組合企業の法的資格（それは、銀行や納入業者に対して保障を与えてくれる）かを選択できることに利益を見出す。ＦＦＭＪＣとＧＮＣが提案している修正事項を検討すればわかるように、これら二つの法的資格は、多くのケースで共存可能なのである。

「リレー」のような社会的目的のための企業も、この方向に含めることができる。ただし、内部で、一定のマルチ・パートナー的な管理を受け入れるという条件つきである。そうでなければ、社会的目的についてのコントロールはもっぱら外部に委ねられる（選出された管理者を承認する三者委員会）が、これは、弱い企業について想定されるケースである。この問題は、集団的利益のための協同組合企業に類似する実験的協定によってより明らかにできるだろう。だが、社会的目的のための企業の提案は、もうひとつの問題を強調している。自己資本の問題である。

自己資本の問題

社会経済の「若い」企業にとっての最大の問題は、自己資本の不足である。一定の期間を過ぎれば、この問題は不分配の余剰金が計上されることによって解決されるが、それまでは剰余を引き出すことができるよう頑張らねばならない。

コミュニティが連帯の精神にもとづいて、きわめて低い採算性であっても、最初に必要となる自己資本を供与してくれるかも知れない。だが、「非営利性」の原則は、税制の優遇と一緒になっていて、自己資本が利益を生むことを禁止している。したがって、アソシアシオンは銀行に貸付を依頼する。だが、銀行貸付は脆弱企業にとって大変高くついてしまう。逆説的なことであるが、「非営利性」の原則は、銀行が供与した資金に対して高い利益率を要求することになる！

したがって、アソシアシオンを含むすべての社会連帯経済にとって、まず突破すべき点は、限定的な利益を生むという条件つきの自己資本の獲得である。このことは、集団的利益ための協同組合による資本提供についても妥当する。

最後に、こうした低利益の資本を貯蓄で提供するという問題が残っている。低所得者向け集合住宅（ＨＬＭ）の運動の例は、「フランス的」な解決方法を示している。ＨＬＭの運動は、低利の資金を入手する必要があったので、銀行は低利子を受け入れるような預金者を探さねばならなかった。そのためには、このような預金に対して課税を免除しなければならなかった。これが、「マル優預金・預託金庫・社会的住宅の資金調達」のシステムであった。

このシステムはフランス的な資金調達の役割を果たしたが、あくまで社会的住宅に限定されていた。われわれは、すでに同じシステムを社会連帯経済のために機能させることを提案した。預託金庫がサードセクターに進出することによって、このような資金提供は可能になる。金融公庫の改革によって、地方銀行は持続的発展のために投資しなければならず、「短縮された回路」が設立されることになる。サードセクターに対して「産業発展のための預金（Codévi）」が幾度も提案された。現在「産業発展のための預金」が産業にとって本当に有益であるのか否か、むしろこれをサードセクターに移したほうがいいのでないかと考えてみる必要がある。最後に、「従業員の資金」の一部を連帯経済の資金調達のために振り向けることが考えられる。だが、このフランス的な方法には大きな欠点がある。この貯蓄の制度的な集金者は、社会連帯経済に関わるための手段もモチベーションも必ずしも有していない(5)。したがって、社会連帯経済に根付いていて機能的に使用できる、しかも自律的なイニシアティブにもとづく資金が重要になる。

資本提供の原則は、したがって、社会連帯経済に限られている税的優遇を自分の預金に対して通常の金利を要求することをやめて、社会連帯経済の役に立てるという条件で、資金提供を行う預金者に拡大することである。これを預金を直接的に投資することによってもできるし、また低利で貸し付けることによってもできるし、さらに銀行貸付を保証することによってもできる。この点について、フランス・アクティブ財団[*1]、あるいは、経済的イニシアティブの権利のためのアソシアシオン[*2]の例が存在する。社会的排除と闘うための財団[*3]が示しているように、連帯経済の創意工夫に貢献することも可能である。

＊1　一九九〇年に活動を開始した社会的目的のためのプロジェクトに必要な資金を供給する財団。資金の母体は、自治体の補助金、銀行貸付、貯蓄などから構成されている。

＊2　一九九〇年にマイクロクレジットのフランス版として設立された。このマイクロクレジットは当初、途上国向けに案出されたが、現在では経済的、社会的排除の強まりとともにOECD諸国においても導入されている。銀行など金融機関の融資規準を満たすことができないような社会的効用をもつ事業プロジェクトに対して融資を行っている。創設以来すでに、一万人以上の雇用の創設に関わっている。

＊3　一九九三年にマルティヌ・オブリの呼びかけで一三の大企業の経営者たちによって創設された財団であり、五〇〇以上の民間企業が加盟している。社会的排除と闘うための諸活動を行っている。

参考までに、現在のところ、連帯経済への資金提供は、税免除の一般的な法規の対象にもなっていない！

最後の問題は、資金提供が社会的目的を満たしているのか否かをいかに判断するのかという問題である。サードセクターの外的な管理とまったく同様の問題であって、三者で管理され、最終的に公的権力によって認証される手続きが必要になる。フィナンソル*は、ネットワークのトップ組織であり、連帯的な資金投資を「認証」し、保証し、補助するために設置された機関である。われわれの報告と並行して、フィナンソルは、フランスで連帯的資金の提供を発展させるための修正項目のリストをつけた法案を提出した。これはあらゆる点で必要不可欠であり、フランスとヨーロッパのシステムを調和させることももちろん必要である。最後になるが、こうした資金は、社会経済の企業に対して提供されるだけでなく、マイクロプロジェクトに対しても提供が行われる。この場合は、資金提供を行う団体を認証すべきであり、その資金提供を受ける団体を必ずしも認証する必要はない。

＊連帯的金融組織。一九九五年に「人間の進歩のためのシャルル・レオポルド・メイヤー財団」によって、社会的弱者のための代替的な金融組織のネットワークとして設立された連帯的な投資を願う貯蓄者と社会的弱者のためのプロジェクトの考案者を結合する役割を果たしている。

注

（1）「社会的目的のための企業」ないし「社会的企業」という表現は、OECDやEUのような大きな国際機関による最近の総合的な検討の結果、用語として定着する傾向がある。とくに以下の文献を参照されたい。*Les Entreprises socials dans les pays membres de l'OCDE*, Service du développement territorial de l'OCDE, rapport pour le Secrétariat, Paris, 1998. Les travaux du réseau EMES（*Emergence of European Social Enterprises*）et plus juridiques, ceux du réseau *Digestus* pour l'Union européenne. L'avis sur : *Économie sociale et marché unique* du Comité économique et social des Communautés européennes, Bruxelles, 1-2 mars 2000（CES 242/2000）. これらの文献では、同一の考えにもとづいているさまざまなプロジェクトやその実現を再編成して、「外延的」に定義している。ついで、この同一の考えをいくつかのキーワードを中心にして「内包的」に定義している。したがって、OECDの場合、「社会的企業は一般的利益に関する私的な活動のすべてに関わっている。そして起業家的な方法で組織される。そして、主要な存在理由は利潤の最大化ではなく、一定の経済的、社会的目的の達成にある」。そして、内的な組織に関するキーワードとして株主（ストックホルダー）ではなく、むしろ利害者（ステイクホルダー）が付け加えられる。

　この点については、次の文献における総合的な評価を参照されたい。Hélène Clément et Laurent Gardin, *L'Entreprise sociale*, Les notes de l'institut Karl Polanyi, Thierry Quinqueton éd., Dormont, 1999（www.thierry-quinqueton-ed.com）.

（2）イタリアの産業地区は、連帯的な中小企業の群生的発展に依拠している。以下を参照のこと。G. Benko et A. Lipietz, *Les Régions qui gagnent*, PUF, Paris, 1992.

（3）「苺畑的な発展」という表現によって、人間的な規模と整合的な管理の限界を超えるにいたるまで協同組合が発展した場合、協同組合が成長を抑制することをイタリア人は表現しようとしている。そして、これらの協同組合は別の協同組合を設立して、新しい発展を目指すことになる。そして、産業地区的な、あるいはネットワーク的な関係を相互に維持しつつ、「コンソーシアム」を形成することになる。

（4）協同組合の全国連合の会長であるジャン・クロード・ドティユ氏は、私宛ての一九九九年六月二二日付の諮問書簡のなかで明確にこのような手続きについて言及している。

（5）したがって、再言することになるが、過小評価されている預金公庫の改革の重要性を強調する必要がある。

表　社会的目的のための企業の諸提案

	社会的目的のための企業モデル：リレー・タイプ	社会的、環境的、文化的効用を持つ企業（Eusec）：ギイ・アスコエット	集団的利益のための協同組合会社、協同組合の全国運動	アソシアシオンの社会的効用の承認 FFMJC	ベルギーの社会的使命のための企業	イタリアの社会的協同組合
法的基盤	新法	議員立法	1974年9月10日付法律に若干の修正を加える	1901年法の改正（第IV項の追加）	1995年4月13日付法律	1991年11月8日付法律
目的と規約	労働集約的な財とサービスの生産を通じた持続的な雇用の創出	集団的効用のための財とサービスの生産、地方の特殊な状況と同業者との協議によって、職人的な活動を可能にする	社会的目的のための経済活動、自治体によってまったくないし不十分にしかカバーされない需要に答える	全国アソシアシオン評議会が明記するすべての活動（フィランソロピー、スポーツ、文化、環境、家族など）	商業会社の形態化、アソシアシオンを選択	人間性の向上と市民の社会統合を目指す、コミュニティの一般的利益の追求

	社会的目的のための企業モデル：リレー・タイプ	社会的、環境的、文化的効用を持つ企業(Eusec)：ギイ・アスコエット	集団的利益のための協同組合会社、協同組合の全国運動	アソシアシオンの社会的効用の承認FFMJC	ベルギーの社会的使命のための企業	イタリアの社会的協同組合
認証	プロジェクトと管理者を承認する県レベルの三者委員会による承認、三者委員会(政府、地方自治体、社会的目的をもつ企業の代表、民間企業の代表)によって管理される、復職のための連帯的なファンドの創設	地域の三者委員会による認証	医療機関の認証と類似の認証、社会的目的のための企業の全国委員会の創設。当面は限定的な認証	地域の三者委員会による効用の承認（委員会の半分は県知事によって指名され、ほかの半分は地域団体の代表者)、全国委員会（地域委員会と同一の構成）への提訴の可能性、5年間について承認、更新可能、3年後の評価	なし	なし

	社会的目的のための企業モデル：リレー・タイプ	社会的、環境的、文化的効用を持つ企業（Eusec）：ギイ・アスコエット	集団的利益のための協同組合会社、協同組合の全国運動	アソシアシオンの社会的効用の承認FFMJC	ベルギーの社会的使命のための企業	イタリアの社会的協同組合
加盟者	なし	1ないし複数の人間、専門がはっきり異なる場合、ひとつのアソシアシオン	法人ないし個人、利用者、賃労働者、ボランティア、公共機関、学校	外部者への活動の開放	なし	ボランティアは最大50％、協同組合共通法
管理	1ないし複数の管理者	1ないし複数の人間	協同組合の共通法	ボランティアによる管理、賃労働者、アソシアシオンの代表への時間単位での支払い（企業ごとに最大額が決められる）、アソシアシオンの研修のための休暇	なし	なし

	社会的目的のための企業モデル：リレー・タイプ	社会的、環境的、文化的効用を持つ企業（Eusec）：ギイ・アスコエット	集団的利益のための協同組合会社、協同組合の全国運動	アソシアシオンの社会的効用の承認 FFMJC	ベルギーの社会的使命のための企業	イタリアの社会的協同組合
管理者の任命	最初の5年間、創設のメンバーの満場一致による選出、（管理者を除く）単純多数による承認ないし否決、5年後、3年間について単純多数で選出、総会が50%以上のメンバーによって召集され、75%以上の投票があれば、免職可能	第1年目は加盟者の満場一致による、その後の2年間について承認、以下同様	同上	アソシアシオンの共通法	なし	なし

	社会的目的のための企業モデル：リレー・タイプ	社会的、環境的、文化的効用を持つ企業(Eusec)：ギイ・アスコエット	集団的利益のための協同組合会社、協同組合の全国運動	アソシアシオンの社会的効用の承認FFMJC	ベルギーの社会的使命のための企業	イタリアの社会的協同組合
メンバーの責任	共通法	単純多数による会計監査	1974年の法律によって拠出金に限定	アソシアシオン法	株式会社、有限会社、協同組合に応じて異なる	協同組合共通法
管理者の権限と責任	管理者はもっとも広い権利を選択する（財の譲渡を除く）、ほかの社会的目的のための企業を除いて、あらゆる兼務の禁止、管理者ではなくポストに対する報酬	もっとも大きな権限（財の譲渡を除く）、あらゆる兼任の禁止、ほかのEusecを除く	なし	なし	なし	なし
管理責任	現行の規定の違反に対する通常の責任	現行の規定の違反に対する通常の責任	協同組合共通法	なし	なし	なし

	社会的目的のための企業モデル：リレー・タイプ	社会的、環境的、文化的効用を持つ企業(Eusec)：ギイ・アスコエット	集団的利益のための協同組合会社、協同組合の全国運動	アソシアシオンの社会的効用の承認FFMJC	ベルギーの社会的使命のための企業	イタリアの社会的協同組合
投票権	賃労働者の投票の義務、投票権取得には最低3年間を必要とする年功制	3年の年功を有するメンバー	1974年によって一人一票、場合によっては非利用者(1992年法)、資金の担い手には最大の割り当て	アソシアシオンの共通法	メンバーごとに最大50%の投票権（複数の賃労働者のメンバーの場合、最大5%）	協同組合の共通法
協力者と企業の関係	資金負担の増加の可能性		資金の提供者は「社会的目的のための協力者」		社会的目的の実現に関する年度レポート発行の義務	なし
「資金」の提供と資金額	ほかの社会的目的のための企業、あるいは、「復職のための連帯的ファンド」によって増加しうる「企業ファンド」		最低25000フラン		外部資金の可能性。最低25万ベルギー・フラン	なし

	社会的目的のための企業モデル：リレー・タイプ	社会的、環境的、文化的効用を持つ企業(Eusec)：ギイ・アスコエット	集団的利益のための協同組合会社、協同組合の全国運動	アソシアシオンの社会的効用の承認 FFMJC	ベルギーの社会的使命のための企業	イタリアの社会的協同組合
収益の配分	投資、自己資本、余剰のための優先的配分、賃労働者のための貯蓄を合法的な枠内で賃労働者に配分する、連帯ファンドへの配分ないしほかの社会的目的のための企業への寄付	投資、自己資本、予備への優先的配分、いかなる利益の配分もない	1974年の法律によって賃労働者への（オプション的な）配分の禁止、社会的効用をもつプロジェクトへの補助、資本の報酬の厳しい制限	黒字を余剰として計上する	社会的目的に見合った配分、余剰の形成、資本の報酬の限定(年間6%)	法的な備蓄として最大20%、資本について値上がり益なし

	社会的目的のための企業モデル：リレー・タイプ	社会的、環境的、文化的効用を持つ企業（Eusec）：ギイ・アスコエット	集団的利益のための協同組合会社、協同組合の全国運動	アソシアシオンの社会的効用の承認FFMJC	ベルギーの社会的使命のための企業	イタリアの社会的協同組合
譲渡と社会的配分形態	譲渡不可能。ほかの社会的目的のための企業を除けば、ファンドや資産を譲渡できない、自己資本の低減の場合、連帯ファンドないしほかの社会的目的のための企業への配分	資金の事前における回復を除いて、移転不可能、ほかのEusecのためを除いて自己資本と資産を譲渡できない	なし	なし	なし	なし

	社会的目的のための企業モデル：リレー・タイプ	社会的、環境的、文化的効用を持つ企業（Eusec）：ギイ・アスコエット	集団的利益のための協同組合会社、協同組合の全国運動	アソシアシオンの社会的効用の承認FFMJC	ベルギーの社会的使命のための企業	イタリアの社会的協同組合
賃労働者の位置	最低年1回の総会の開催、清算、命名、移転、資本の変化に際して総会開催の義務、賃金における格差は2倍が限度	最低年1回の総会開催、テーマごとに総会の開催、解散、任命、移転について総会開催の義務	協同組合の共通法	アソシアシオンの仕事を遂行するために公務員の出向の可能性、アソシアシオンの活動についてパート勤務に移行する場合、フルタイムでの社会保障負担の維持（政府による肩代わりも可）	賃労働者全員についてアソシアシオンのメンバーになる可能性	スタッフの最低30%は社会的弱者
特例	労働法の特例、企業委員会なし	市場以外の活動について雇用主負担の低減、自動的に週32時間、研修のための3時間	なし	年単位での機能の可能性、地方自治体との契約の可能性	なし	なし

	社会的目的のための企業モデル：リレー・タイプ	社会的、環境的、文化的効用を持つ企業（Eusec）：ギイ・アスコエット	集団的利益のための協同組合会社、協同組合の全国運動	アソシアシオンの社会的効用の承認FFMJC	ベルギーの社会的使命のための企業	イタリアの社会的協同組合
税制	地方法人税のために税率の変更、資産だけを対象とする、連帯的ファンドやほかの社会的目的のための企業に支払われた額の免税、法人税あり	法人税なし 地方法人税の免除、研修目的税の免除	地方法人税なし（スコップ）、投資のための払い戻し、余剰、備蓄を収益から控除可能	資金への免税、社会的目的の実現である場合、付加価値税の免除	社会的目的のための企業への資本参加から得られる配当は控除可能	社会的弱者の賃労働者について社会保障負担の免除
資産の帰属	解散のためには75%の賛成多数が必要、三者委員会の決定にもとづく解散、純資産の連帯的資産ないしほかの社会的目的のための企業への帰属の強制	解散のためには75%の賛成が必要、純資産はほかのEusecに強制的に帰属	なし	なし	ほかの社会的目的のための企業ないし同じ社会的目的をめざす企業に帰属する義務	余剰金は配分できない

	社会的目的のための企業モデル：リレー・タイプ	社会的、環境的、文化的効用を持つ企業（Eusec）：ギイ・アスコエット	集団的利益のための協同組合会社、協同組合の全国運動	アソシアシオンの社会的効用の承認FFMJC	ベルギーの社会的使命のための企業	イタリアの社会的協同組合
寄付	なし	10万円程度の個人による寄付あるいは企業（100万円まで、法人税免除）の寄付を受ける可能性	なし	寄付と遺産（行政院によって最高限度額は固定される）	なし	なし
市場	12カ月の活動ののちに強制的に変化する顧客	なし	1974年の法律、非メンバーは利用できない	なし	なし	なし
その他	なし	なし	なし	メディアへの周知の時間	なし	なし

第6章

社会連帯経済の基本法の制定に向けて

地域ごとの協議を繰り返すことによって、われわれは、社会連帯経済の統一性について、そしてまた、この統一性と社会経済の世界とのつながりについてそれぞれ認識を深めることができた。これらの地方における協議によって、われわれの中間報告における考えを確認することができ、われわれの調査を深めることもできたが、将来性に満ちている新しいセクターを十分発展させるためには、法律的、行政的に必要となる調整が極めて多岐にわたることを強調せざるを得ない[1]。理想的な国を新たにつくるのではなく、むしろ現在存在するものから出発するという場合、これらの協議が示しているように、数々の調整を単一の法律的の枠組に再編成する必要性を認めざるを得ない。地方における多くの協議は、このように一九九七年の社会党と緑の党の選挙公約にもとづくものであり、「社会連帯経済のセクターの統一性を認識し、この統一性を基本法の中に統合することを認識している」。

本書の最後を単なる法案の紹介で済ますわけにはいかない！　むしろここで重要なのは、とくに「イノベーションと社会経済のための関係省庁会議」（DIES）の支援を得て、立法者に対して社会連帯経済の発展のための基本法を確立するための一種の骨格を提示することである。この骨格に含まれるのは次の諸項目である。この骨格は、地域ごとの公聴会、財務省通達の適用に関する技術的なルール、これまでの数多くの公聴会[2]など、現在すでに存在するものに依拠しつつ、新しい交渉によって具体化されるであろう。以下で、社会連帯経済の全体的な枠組がいかにあるべきかについて、われわれの結論を述べた後に、この基本法の主要な項目について提示することにする。

共通のラベルと役割の一覧表

われわれの研究と交渉の過程において、社会連帯経済のサードセクターを構成し、社会的目的と混合的な資金調達の企業で、既存の社会経済の形態から区別される法律的な枠組に従うような「新しいタイプの法人」を創設することは適当であるとは思われなかった。このような解決方法は、この中間報告を作成したときからすでに、共済組合・協同組合・アソシアシオン活動の全国連携委員会（CNLAMCA）によって強く拒否されていたが、そもそもこの解決方法は、これまでの地域ごとの公聴会でも議論されなかったものである。ただし、別途考慮すべき理由によって、ノール・パ・ド・カレの地域での議論は別である。

この中間報告の最初から重視されていたことであるが、徐々に解決策として浮かび上がってきたのは、差別化された社会連帯経済のセクターというものである。ここで重要となるのは、**既存の社会経済の枠内に共通のラベルでくくられた空間を作り出すことであるが、これには、民間セクターへの拡大も伴い、この空間は社会的目的と内部組織の双方に関する憲章によって決められる。**まず協同組合、アソシアシオン、社会経済団体、民間企業、個々の勤労者、地域交換システムといった法的資格によって相異なる組織や個人をこの共通のラベルの下に集めることができる。ついでこのセクターは、広い意味でのその社会的な目的（エコロジー的目的、文化的目的など）にしたがって、（職業的統合、都市政策、文化的な発展など）それぞれの使命に関する仕様書を定める承認手続きにしたがって区別されるであろう。このようにして組織の法的資格と使命から構成される一覧表を作ることができるであろう。この一覧表の枡目ごとに、選択された法的資格に従ってこれらの目的の実現を促進し、その実現に伴う社会的効用に報酬を与える税制上の優遇措置が対応することになる。

この「一覧表」のような構造は、ＨＬＭ（低所得者向け公共住宅）運動の構造を思い出させる。社会的住宅の建設者たち（株式会社、公団、協同組合など）はそれぞれの法的資格を選択することができ、（単純に居住者の所得制限にもとづいて）社会的目的の度合いも選択することができた。すなわち、ホームレスを対象とする社会的な住居プログラム、標準的な低所得者向け住宅、「不動産金庫」からの融資、そして正規家賃の住宅などである。二つの項目から構成されているこの表のそれぞれの枡目には、とりわけ資金調達に関わる制約と優遇措置が対応している。

このような図式のメリットは数多く存在する。まず第一に、これによって現存するものとの調和とその強化を実現することができ、より積極化することもでき、必要な法的改革を最低限に抑えることができる。

次に、このような図式は行政と社会経済のパートナー的な経験にもとづいている。旧い経験としては、認証手続きをめぐる交渉があり、最近の経験としては、税制の優遇をめぐる交渉があるが、社会連帯経済の相異なる目的に見合う税制上の優遇をどう評価するかは立法府に委ねられる。

すでに存在するサードセクターの企業について言えば、共通のラベルから生まれる新しい制約は、この図式によって、全く、あるいはほとんどなくなる（一般的に、これらの企業はこうした制約を従来から守っている）一方で、数多くの新しい可能性がこれらの企業に開かれる。

共通のラベルという大きな「傘」が存在することによって、法的資格と目的の多様性を越えて存在する（これは、「低所得者向け公共住宅運動」とある意味で似ている）、このセクターの統一性とその経済的な重要性を強調できる。これは、経済主体たちが要求していた「〔サードセクターの〕可視化」の要求に見合うものである。

一覧表のような構成がもたらす柔軟性は、（アソシアシオンと異なる新しく独自の法的資格を作らないという）CNLAMCA（共済組合・協同組合・アソシアシオン活動の全国連携委員会）のやり方と（社会的目的を持つ企業を新しく作り出そうという）ノール・パ・ド・カレ地域の活動家たちのやり方との対立をうまく調整することができる。こうした要求の背後にある懸念を明らかにしつつ、この問題について以下で詳しく述べることにしよう。

まず、制度化された社会経済について言えば、議論は、社会経済に対してなされる制約、とりわけもっとも金銭的に大きな集団ではないけれども、従業員の数が最大である集団、すなわちアソシアシオンという集団に対してなされる諸制約によって長い間、多元的に決定づけられていた。われわれの調査の実施期間中、かなりの規模の商業活動をおこなうアソシアシオン、とりわけ社会医療部門のアソシアシオンに対して数多くの制約が加えられた。すなわち労働時間短縮法、社会的な医療支出削減の国民的な目標などである。さらに、これと並行してアソシアシオンに対する財務省通達により、税制上の正当な特権とそうでない特権との整理が行われつつあった。アソシアシオン（その背後には社会経済の全体が控えている）の指導者たちは、経済財務省との交渉において当然、加入団体の利益を擁護しがちであり、すべての非営利的なアソシアシオンは、もっぱら社会的目的に従っていて、それゆえアソシアシオンに固有の税制上の特権を維持する権利があり、ひと言で言えば、連帯経済と社会経済は相互に重なりうる存在である、と主張していた。まったく独自のセクターを作り出すことはしたがって、不安の現実化とみなされた。一方にアソシアシオンの旧来の税制上の特権をすべて手にできる「連帯的な」セクターがあり、他方に税制上の特権は何もない「連帯的でない」アソシアシオンがある、とされることへの不安である。さらにこの不安をかき立てることになったのは、経済財務省の担当者たちの教条的――しかも相互に矛盾した――考え方である。ある論者によれば、（高所得者向けのサークル、すなわちテニスクラブやゴルフクラブのような）「閉鎖的」なアソシアシオンだけが、「非競争的」であるがゆえに商業税を免除されるべきである。別の論者によれば、貧困層を支援するアソシアシオンだけが非営利的であるがゆえに支援されるべきである。ところで社会的なツーリズムや青年と文化のための会館においては、アソシアシオンの「社会的な」目的とは、その反対に「社会的混交」を実現することにある。

社会経済の内部で「連帯的」経済を区別するというこの共通のラベルは、リスクを抑えるものではあるが、リスクを完全に除去するものではない。このことは、地域ごとの公聴会の全体会議において、アソシアシオン活動の全国事務局（CNVA）の代表（エディット・アルヌ＝ブリル）が述べたことである。この代表にとって、公的権力との協議によって承認される社会的効用というラベルは、それ自体で社会的効用の承認を意味することになる。このラベルは、このラベルに含まれないような大規模な経済活動をおこなうアソシアシオンに対しても、また小規模な経済活動をおこなうアソシアシオンに対しても障害を打ち立てるようなことがあってはならない。「われわれは、さまざまな社会的目的を実現する組織に与えられる税制上の優遇が一定の**広がり**を持つことに賛成である。」

われわれが述べた「一覧表」の原則は、このような要求にうまく応えている。この要求に応えるには、この一覧表の「土台」、すなわち社会的資本を形成するという理由にもとづいて社会連帯経済のすべての法人が受け取っている税制上の特権が、すでに社会経済においてこれらの法人が（アソシアシオンや協同組合として）受け取っている特権とほぼ類似していればよいのである。この土台の上に社会的目的を補うようなさまざまな目標に見合う別の優遇措置がマヤのピラミッドのように付け加えられることになる。

例えば、協同組合は従業員税を免除される。そして社会統合のための企業は（最低の場合でも）社会保障負担や研修税を免除される。したがって社会統合のための協同組合も、これらの税免除をすべて享受することができる。

以上のこととは反対に、ノール・パ・ド・カレ地方の活動家たちが繰り返し制度的刷新を要求していることについて考えてみよう。(3) このような主張は、おそらく社会的な（サードセクターの）可視化の要求、すなわち、共通のラベルが何をもたらすのかに関わっている。このような主張は、おそらく「雇用のための地域協議会」にもとづくきわめて先駆的な経験に由来しているのであろう。地域議会の支持を得たとしても、サードセクターを既存の構造から発展させることは困難である。だが、生じた問題を注意深く検討するとわかるように、問題は組み合せの創意工夫の不足に関わっていて、それゆえ単なる法的な再編成によっては解決することはできない、とくに、資金調達の問題が重要なのである。このことは、法律上の問題を提起するが、その解決は必ずしも新しい法律的形態を生み出すことではない。

協同組合とアソシアシオンという形態のそれぞれの限界に由来するような問題について言えば、(以下で見るように) アソシアシオンと協同組合の双方が重なり合う地点にまで、双方を再編成することによって解決することができる。

きわめて示唆的なことであるが、「リレー」が提唱して、国会議員ギイ・アスコエットが引き継いだ社会経済的目的をもつ企業は、生産協同組合として分析することができ、これは地方自治体によって提供された自己資本で運営されている。「社会連帯経済の多様化されたセクター」を選択することは、したがって以上の提案を統合することを意味する。つまり、社会的目的をもつ協同組合(すなわちSCIC)に対して、資金提供者である地方自治体に管理権限を委ねることなしに資本金の大多数以上を占めるような公的資金を受け入れる可能性を与えればよいのである。

最後に、ノール・パ・ド・カレ地域だけでなく、現場の指導者たちは皆、社会連帯経済の法制上かつ税制上の特権の承認は、法律によって制度化されるべきであると主張している。つまり、(アソシアシオンの税負担のように) 財務当局の裁量に委ねられるべきではなく、あるいは(ボランティアの法的資格について)[4] 社会保障機関の裁量に委ねられるべきではなく、あるいは(地域交換システムと公的市場の法律との整合性の場合のように)

司法省の裁量に委ねられるべきではないのである。こうした要望は、「社会連帯経済」という空間が新たに基本法によって設定されることで十全に実現されることになろう。

いずれにしても、社会的目的をもつ企業の法律的な枠組のために根本的な改革を行う必要はないにしても、必要な措置がたくさん存在していて、それらの多くは立法的な性格を有していることは明らかである。それゆえ、労働時間短縮に関する法律や社会的排除に反対する法律と同様に、基本法が必要になる。基本法によってさまざまな規則を設置することができ、関係省庁と社会連帯経済のネットワークとの間の交渉の枠組をつくることができ、そして必要であれば、個別の法律を立案することができるであろう。

最後にもう一度確認しておけば、すでに判例によって、あるいは行政との交渉によって獲得されたことを法律によって制度化すること、さらに法律によってさまざまな行き詰まりや矛盾を除去することが重要である。以下では、この法律の主要な「項目」について述べることにしよう。

社会連帯的な効用に関する共通のラベルの定義について

この共通のラベルは社会経済の法人に与えられるべきであるが、これらの法人は、法人の社会的目的と法人の管理部門の構成に関して（すなわち「何を行うか」「それをどう行うか」に関して）、「憲章」の中にまとめられた一定の規準を満たさなければならない。「一般に」社会的目的をどう定義するかに関しては、アソシアシオンの社会的効用の認識に関するＣＮＶＡ（アソシアシオン活動の全国委員会）の混合グループにおいて十分に議論し尽くされている。すなわち以下の五つの原則で説明十分である。

第一に、企画が活動に優位していること（すなわち、追求された社会的効果が具体的な経済的生産に優位すること。経済的生産は単なる手段もしくは大義名分に過ぎない。たとえばツーリズムにおける社会的混交）

第二に、非営利性と経営の非利害性

第三に、アソシアシオンによる社会的貢献、すなわち連帯性と市民性

第四に、民主的機能

第五に、調整者としての協約

第五の点は、国民生活のそれぞれの分野における第一と第三の連帯的原則の具体的な意味について、関係省庁ごとの解釈の違いを引き起こすものである。その反対に、第二と第四の原則は「それをどう行うか」という問題にかかわる。

基本法はしたがって、

第一に、「社会的な効用」について一般的な言葉で表現することができる。

第二に、「自己資本と管理労働の報酬の制限」と同様に非営利性と経営の非利害性という観念を正確に定義することができる。

第三に、マルチパートナーの原則と一人一票の原則を尊重することによって、民主的な性格を定義することができる。ただしこの場合、異なるパートナーの間で投票権の比重を変えることもありうる。

第四に、すでに妥結した交渉の中に表現されている承認の原則を取り入れることができる。

第五に、将来の承認について関係するネットワークと交渉することを関係省庁に委ねることができ、補足的な法律を予め用意することができる。
最初の三つの論点は「社会連帯経済の憲章」を形成しているのに対して、第四、第五の論点は個別的な使命を定義している。

共通のラベルの付与と継続的な調査・評価

共通のラベルを与えることによって(この報告の中で用いられている広い意味において)税制上の優遇を自動的に与えることになるので、ラベルを与える手続きは戦略的な重要性を持っている。ここで提案されている改革の目的は、社会的目的をもつ企業に関して最大限のイニシアティブを市民社会に対して与えることである。ここではできるだけ自律的な申し立てによる手続きを考えるべきである。拒否権と事後的な監督権も保持するのだが、行政は、もはや商業会社やアソシアシオンの立ち上げに対して事前的な監督しか行わないのである。

アソシアシオンの運動自体が承認手続きの必要性を認めていて、混合委員会を提案している。ここではさらに「簡単で」かつ迅速な手続きを提案することができる。すなわち同業者による事前的な内容のコントロールと政府の代表者による一定期間内の拒否権である。このような手続きは、承認する権限を市民社会の各団体に委任しようという一般的な傾向に合致している。[5]だが、行政当局はその乱用を防ぐために管理権限は維持すべきである。拒否権の行使は、もちろん争いを引き起こす可能性があるが、この争いは行政裁判の通常の手続きによって解決されるべきである。

関係省庁と関係するネットワークの間で取り決められた承認規準に基づく社会連帯的効用を提供するような法人の場合、承認手続きの委任は問題とはならない。この権限は、継続的な調査と評価の責任を伴っている。これは、「部門ごとの手続き」となるが、その内容は以下のとおりである。

第一に、共通のラベルは、団体を構成する同業者によって与えられる。したがって、一つの産業部門に対して連合団体が一つしか存在しないことは望ましいことではない（イタリアでは、社会的な協同組合に対して二つの連合団体が存在している）。共通のラベルの付与は、国家によって管理されている。知事は二カ月間、与えられたラベルに対して異議を申し立てることができる。法人は、ラベルの付与が拒否された場合、知事に異議を申し立てることができる。さらに知事がラベルの付与を拒否した場合、裁判所に訴えることができる。この連合団体は地域ごとに組織されている（これが経済的には望ましいが、ただちに、どこでも実現できるわけではない）ので、ラベルは地域レベルで与えられるが、政府代表者に対して訴える以前に、全国レベルで訴えることによってこのラベルを入手できる。

第二に、連合団体の構成メンバーは、年ごとの評価を受けなければならない（これはイタリアのスコップや社会的な社会協同組合のモデルに基づいている）。行政当局が監督に乗り出すこともできる。行政当局と連合団体との間で不一致が持続する場合、対立は裁判にまで持ち込まれることになり、承認が取り消されることも起こりうる。

共通のラベルを獲得することは一定の「使命」（たとえば、「地区改善委員会のような社会連帯経済のアソシアシオン」）にもとづいて行われるので、これによって前掲の「一覧表」で定義された、社会的税制的な優遇措置と法制的な優遇措置のすべてを手に入れることができる。年ごとの評価の対象となるのは、会計的、財務的な決算書であり、組織内部における社会効果の評価表であり、外部に対する社会的効果の評価表（社会的目的）である。

地域の発展という場合、あるいは雇用のための協同組合[6]の場合、あるいは「協同で支援に取り組む」（相乗効果的な目的のための）アソシアシオンの場合、あるいは複数の技術的な能力を共有する小企業の支援センターのようなアソシアシオンの場合などさまざまな使命を負った社会連帯経済の法人の場合、さらに複雑な問題が生まれる。このようなタイプの組織も全国規模ならうまく機能することができる（ちょうど、小企業の支援センターのように）が、セクターごとの承認手続きで連合団体に与えられたような役割を果す、社会連帯経済の地方ごとの（地域ごとの、あるいはできれば県ごとの）「本部」を形成する必要がある。

　このような組織が機能するためには（事業開始に関する書類の審査や年ごとの検査など）コストがかかるので、ＣＲＭＣＡ（協同組合・共済組合・アソシアシオンの地域評議会）やＣＲＥＳ（社会経済の地域センター）のような、（どこにでもというわけではないが）すでに存在している組織に依存する方が簡単である。だが、社会経済と連帯経済の双方にためらいが存在するので、また「ラベルの承認を独占的に行う」――この独占は、制度化された社会経済によってなされる可能性がある――リスクが存在する最初の間は、部門ごとの手続きによってすでにラベルを与えられた法人を地域ごとに再編成するほうが望ましい。すなわち、社会連帯経済会議の設立である。このような地域ごと（地域ごとでなくとも、少なくとも県ごと）の再編成は、相乗効果が現れる場となるだろう。このような再編成は、さらにさまざまな目的を持つ新しい法人を承認することにも役立つだろう。こうした組織を機能させるコストは（加盟するメンバーの会費だけではまかないきれないので）、公的な寄付によってまかなわれるべきである。さらに、社会経済と連帯経済の関係が良好である場合（この関係は、良好でなければならない）、CRMCAの支援によってまかなわれるべきである。

共通のラベル付与とそのコントロールの権限を持った、社会連帯経済のための地方の機関は、これも一定の地域的な協議の場であって、たとえば（ブルゴーニュの例が有名だが）社会連帯経済の発展のための機関がそうであるような別のタイプの機関と区別しなければならない。これらの機関は、イニシアティブ、アドバイス、アイデアの支援、資金調達に関して別の使命も担っているが、社会連帯経済を超えて、社会経済の企業のためにも、連帯経済の企業のためにも存在しているのである。

最後に、サードセクターのすべての主体は、生産協同組合と同様に、収支状況を説明する義務がある。そして税制上の優遇措置の正当性にかかわる点は、地方の会計検査院の検査を受けなければならない。

社会経済の法的資格の緩和

「一人一票の原則」、「余剰金の不分割の原則」、そして「営利性の限定の原則」によって特徴付けられる社会経済の法人である「アソシアシオン」を単一の法的なルールにおいて再編成することは大変魅力的なことであり、地域のさまざまな協議においても要求されているが、中期的な課題である。それよりも緊急の問題は、現在の協同組合とアソシアシオンにかんする法的資格を緩和することであり、そして社会連帯経済の需要をうまくカバーして、社会連帯経済の相互の行き来を保障することである。

協同組合の法的資格の緩和

「協同組合の全国運動」の見解によれば、集団的利益のための協同組合の法的資格は、すでに一九四七年の法律と整合的である。この点について、司法省、行政院の見解を求めなければならない。もしその見解が否定的であるなら、現在進行中の実験の成果を考慮に入れた上で、集団的利益のための協同組合を守るために必要な修正を法律の中に書き込まなければならない。このようにして集団的利益のための協同組合は、あらゆる形態の雇用補助を受けることができる（CESやCECなどの失業者が政府によって直接救済される雇用制度、若年失業者のための雇用制度）。

アソシアシオンの法的資格の緩和

FFMJC（「青年と文化のための会館のフランス連合」）の提案にしたがって、アソシアシオンの事実上の管理者がアソシアシオンから報酬を受け取る可能性、すなわち実際に行われた管理的な仕事に伴う報酬（行政部門で同等の管理業務が行われた場合の報酬をその目安にできるだろう）、しかも経営の非利害性の原則を損なうことなくアソシアシオンの本部で選出された管理者が受け取る報酬は、法律の中に書き入れられるべきである。同様に自己資本の「一定」の収益の可能性、そしてシガール〔第1章参照〕への参加の可能性も法律の中に書き入れられるべきである。そしてこれらのことは、その対価として、規格化され、証明された会計報告書を提出することを義務づける。

この目的のために、われわれは一九〇一年の法律という「聖典」に「第Ⅳ項」を付け加えて変えることは提案しない。むしろ基本法は、アソシアシオンの会計に関する法的資格だけを変えるべきなのである。

社会経済と連帯経済の相互的な行き来

法律によってこの相互的な行き来を緩和すべきである。とくにもっともありうるのは、アソシアシオンから集団的な協同組合へ、さらにスコップへという移行である。自己資本の存在、パートナーによる民主的な経営原理、そして会計的管理の必要によって、アソシアシオンと協同組合はすでに類似しているので、これら二つの組織の間の移行のための手続きは、上述の団体の創設手続きと同様に、できるだけ簡素化しうる。この移行の前に属していた上部連合団体による承認を受けて、当該法人は移行後の組織のなかで再承認されることになる。

税制上の措置

本章の冒頭で述べた一覧表の枡目を埋めることは、法律によって明確化されるが、現在の状況から出発すれば、具体的には社会のさまざまなアクターたちとの交渉を意味することになる。例えば、監督省庁と財務省との間で、財務省通達の恩恵を得るための承認の条件をすでに確定したアソシアシオンにとっては、ラベル付与の規準作成の仕方にヒントを得て、商業税の免除[7]を、一覧表の「アソシアシオン」の枡目の中に自動的に書き込むのが賢いやり方である。そうすれば、この表の列にしたがって、社会統合のための企業は、すべてその法的形態のいかんにかかわらず、研修のための税を免除されるであろう。

社会保障負担軽減の権利も同様の明証性をもつことになる（政府による法人への補助金の形態をとることもあるが）。

労働の権利

労働者の権利については例外措置は存在しない。

労働法が変更されるのは、経済活動による社会統合のための組織が享受する社会保障負担の免除に関する条項である。その目的は、この免除を補助金で代替させることにある。この補助金は、最低賃金の水準近くまで負担免除が下げられたという一般的な動きからは独立しており、したがってこの補助金の支給によって、社会統合のための活動への報酬は、必要水準まで引き上げられることになる。研修のための税は、持ち家実現のため雇用主が総賃金の一%を拠出しているファンドを管理するCIL*に着想を得たアドホックな手続きにしたがって、個別に社会統合のための企業に配分される。

＊従業員のマイホーム実現を促進する全職種委員会。従業員一一〇〇万人、一七万社をカバーしている。主に、マイホームの実現に加えて、賃貸住宅の充実、従業員の技能研修のために活用されている。

労働法の適用外にあるような特別な労働に対する低報酬については別の規定が付与される。特別な労働に対する低報酬は、賃金関係に基づくような活動の報酬に相当するものではなく、むしろ（エマウスや宿泊と社会統合のためのセンター（ＣＨＲＳ）のように）生活のコミュニティの中でのアメニティの共有に相当するものである。同様にこのコミュニティによって、社会的宿泊施設の宿泊者も、社会保障サービスを受け取ることができる。[8]

自己資本の調達

社会連帯経済に投資されたすべての自己資本は、法律によって決められた上限内において、そして一般的な貯蓄（マル優口座）に等しい水準で報酬を受け取ることができ、その場合、協同出資者については一％のリスクプライムを与えることができる。この報酬は、一般的な貯蓄による収入と同様に、租税負担がない。個人が提供した資本は、株式に投資された貯蓄と同様に租税負担が免除される。

「産業発展のための預金」（Codévi）によって収益された資本は、財団を通じて社会連帯経済に配分されることになる。

財団を発展させるために、フィナンソルのような提案が法律の中に書き込まれることになる。以上で述べられた条件と同様に、連帯的な投資資金、あるいは出資財団のラベルを交付する資格をもつ連合団体の承認手続きが法律によって決められることになる（フォナンソルは、もちろんこの法律の対象になる）。

地域交換システム

地域通貨によるさまざまな物々交換の可能性も、法律に明記されることになる。この地域通貨は、そのメンバーが個人であるアソシアオンの内部で流通し、財とサービスは、職業のためではなく、共生あるいは連帯のために交換される。その結果、トゥールーズの上訴裁判所の判決にもとづいてすべての商業税は免除される。だがそのことを法律の中に明記しなければならない！

「職業のためではなく」という限定は、同じ活動を地域交換システムの中で職業として行えないことを意味している。その反対に、地域交換システムにおける活動は、最低限の社会的サービスの受給と失業手当を減額されることなく受け取ることと矛盾しない。「社会的な宿泊と再適応のセンター」（CHRS）は、その宿泊者が法定通貨を受け取りつつも、税負担を伴わないような個人的な商業活動を通じて社会統合を実現できるよう手助けする（だがこの可能性をCHRSの外部にまで拡大することは危険である。その場合、闇労働を合法化することになってしまうからである）。

CHRSにとっても、地域交換システムを運営するアソシアシオンにとっても、「労働災害」の集団的な保険の適用が想定される。

入札

公共市場法の二〇七条を変更することによって、公共団体と社会連帯経済のすべての組織は、いかなる契約を履行するさいにも、適正価格と同時に雇用の増大をともなうことを主な目的として契約のなかに挿入できるようになる。

公共団体、社会的な住宅供給機関、混合経済会社（SEM）は、社会連帯経済の企業（集団的利益のための協同組合会社やアソシアシオン）に資本参加することができる。これらの資本は、協同出資者の資格で株主総会に参加できるし、多数派でない限りにおいて管理組織にも参加できるが、これらの資金から利益は派生しない。この最後の点によって、「リレー」タイプの実験に関する要求を受け入れることができる。

また納入者を選択する場合に起こりうる投資家たちの利害対立に基づく反論を退けることができる。というのも、これらの投資家は、社会連帯経済の企業の利潤に関心を持たなくなるだろうからである。

ボランティアと選出者の地位について

現場においてボランティアを採用して、選出者や委託者を社会的目的の組織の指導者に採用することは、現代の個人主義的な社会に存在し、発展している自己参加の意思と「行動＝権力」の意思を表現している。さらに、協同的な連帯へのノスタルジー、あるいは他人のために、「当然のこと」として公共の福祉のために行動することができた時代（あるいは単に想像上の時代か？）のノスタルジーを表現している。ところで、現代社会の個人主義化は、協同的な規準と矛盾するさまざまな規準（契約、個人の市民的責任）を作り出しており、この社会では、各自が善意をもって自分にできることを行うよう期待されている。そこから、社会関係の法制化が生じるのであり、これは避けられない傾向であるにしても、社会の「アメリカ化」に決して還元することはできない。こうした法制化の結果、「公共の福祉」に関わるボランティアたちも、地域組織やアソシアシオンの指導者たちも、不公平感を抱くことになる。つまり、他者のために行動してかなりの時間を使いながらも、報酬はわずかでしかない。しかも、予見もできず、避けるための手段も能力もないような事故の民事上の責任をとらざるをえない。

ボランティアたちの疲労や何か大きな事件によってボランティアたちの不参加運動が引き起こされないようにするために、法律によってボランティア、そして経営への選出者と社会的委託者の地位を法的に確立する必要がある。しかもサービスの受給者に対しては、半ば公共的なサービスに関わる法的に妥当性のある程度の安全を確保する必要がある。

このようにしてボランティア、選出者、そして社会的委託者たちは、以下の権利が保障される。

第一に、自分たちの実践によって獲得した、水準はさまざまな職能の認証（公的な認証もあるし、研修制度の資格に相当するものもある）。

第二に、職能を高めるための教育を受ける権利（必要な休暇の取得と金銭的な保証）。

第三に、過失が明らかな場合にのみ限定される責任。このことは、社会連帯経済の組織をカバーすることになる第三者による保険資金の存在と、行政による安全の強化を意味している。

（職業教育へのアクセスにかかわる）第二の点は、連帯経済に関する高等教育機関や修士号制度、さらには、社会連帯経済の「研究開発のための国立センター」（Anvar）のように、全国組織を増やすことによって発展するであろう。

社会連帯的措置の多様性

社会経済以外への拡大

一定の有限会社は、社会連帯経済の営利性の限定というルールを尊重するかぎり（しかし、「一人一票の原則」に従う必要はない）、社会連帯経済のラベルを受け取ることができる。この条項は、とりわけ社会統合のための企業に関わっている。

フェアトレード

この報告の枠内では、第三世界との「公正な貿易」に関わるアソシアシオンや協同組合の問題を深く掘り下げることはできなかった。もちろんこの問題は、社会連帯経済の一部を形成している。とはいえ、フェアトレードといえども、大きな余剰を実現することができる。「ニッチ」市場といえども、フェアトレードによっても収益を生み出しうることについて疑う余地はない！　したがって、これらの活動に関わる税制上の優遇措置についいては、別途検討する必要がある。

さしあたり、商業税が免除されるのは、マックス・ハベラー*のような「連帯的なラベル」の活動を行う企業と非営利的な連帯的輸入・流通会社についてである。

*公正な価格でのコーヒー豆の販売を目指して、コーヒー豆生産者が一九八八年、オランダに最初に設立した。その後、同様の団体がヨーロッパ、日本に急速に設立された。「マックス・ハベラー」は、一九世紀オランダの小説のタイトルであり、主人公はオランダの植民地における非人道的なコーヒー豆栽培農場の経営を非難している。

コンソーシアム

イタリアの経験が示しているように、社会連帯経済の数多くの小企業から構成されるコンソーシアムは有益である。社会経済の連合という形式は、この目的にふさわしい。社会経済の連合は商業税を免除されない。ただし、社会経済の連合が、社会的企業（認証を受けたアソシアシオンと集団的利益のための協同組合企業）だけによって構成される場合、商業税を免除されうる。

社会連帯経済の可視性

フランス国立統計研究所は、毎年、社会経済および社会連帯経済の会計報告を公表することになる。この会計報告によって、「受動的な支出の積極化」の効果だけでなく社会連帯経済がどれだけの富を生み出したのかも明らかになる。(9)

社会連帯経済の指導者たちの利害は、三者運営による組織の経営者団体によって代表されることになる。

若者雇用の統合計画

この報告の中で、すでに若者雇用の将来については、たびたび言及した。「社会連帯経済の個々の雇用」は、この若者雇用に関連する補助金によって、社会連帯経済の永続的な組織の中に入り込む使命を帯びている(ただし、ここでは教育や警察のようにすでに国家や地方自治体に組みこまれているポストについては、われわれは語っていない。これらのポストを公共部門に統合することは、この中間報告の枠外にある)。

これらのポストは、最初、それ自身の需要を生み出すと考えられていた（このことは、ほぼ実際に確認された）。そして、この需要は、その有効性〔支払われる可能性〕という問題を提起したが、有効であることもあれば、常にというわけでなく、それどころではない、ということもある。これらのポストは、一般的に社会的効用を示していて、混合的資金調達を正当化する。

理念的には、社会連帯経済における若者雇用は、この組織の中に持続的に統合されるべきである。社会連帯経済のラベルの「一覧表」の一角を占めていることによって、この組織に与えられている社会的、税制的な「優遇措置」は、若者雇用が受け取っている補助金をまさしくカバーしている。だが、実際には、こうならねばならない理由はどこにも見出せない！

法律的に確立されたサードセクターを設立することによって、補助金や税免除を享受することになり、かつての「新しいサービス・雇用・若者」計画は古くなってしまう。とはいえ、これらの若者雇用のために契約をあえて結ぼうとし、そこに利益も見出していたアソシアシオンは、「方向転換しうる」時間をもつべきである。ここでは、次のような方法を勧めたい。

社会連帯経済の「一覧表」の内容を決める法律が実施された後には、若者の特別の雇用契約はもう提案されなくなる。

「社会連帯経済」のラベルを受け取る以前に若者の雇用を実現した企業は、アソシアシオンや協同組合を含めて、すべて「新しいサービス・雇用・若者」契約の期限以前において、そして最長二年の猶予期間のうちに、これを正規の雇用契約に変えることができる。この場合、企業は、五年間、補助金を受け取ることができる。

この五年間、企業は、三者委員会の枠内で新しい状況への適応について交渉することができる。

注

（1）この点について、私のホームページ（http://lipietz.net）および *Rapport de synthèse*（mai 2000）を参照されたい。後者の報告書は、二〇〇〇年五月五日パリの Maison de la chimie で開催された全国集会で議論に付された。この報告書に含まれる提言は、以下ではRSの略字とそのバックナンバーの数字で示される。

（2）私がとくに念頭に置いているのは以下の文献である。Thierry Jeantet（février 2000）, *Réponses des six grands composantes de CNLAMCA relatives aux 45 propositions établies dans le rapport remis au Comité consultatif de l'économie sociale en 1995 : « L'économie sociale en action :*

faits, enjeux, options ».

（3）ノール・パ・ド・カレ県の地域集会の議事録は、「ラベル」ではなく「法的資格」を選択した理由についてほとんど説明していない。「ラベル」であれば、社会税制上かつ法制上の特権を自動的に獲得できることが見逃されてしまったようである。さらに、この地域集会では（ほかの地域集会と同様に）社会経済の「非営利的な個人会社」のさまざまな法的資格の間の移行を容易にすることが提言されているが、このことは、〔社会経済を形成するアソシアシオン、共済組合、そして協同組合以外の〕「第四の集団」の効用を低下させることになる。

（4）ここでも「テット事件」〔第2章注（13）参照〕、そして失業保険制度の対象者はボランティアであってもアソシアシオンを運営することが禁止されていることを想起しておこう。

（5）同業者によるラベルの発行手続きは、すでに連帯経済の分野では頻繁におこなわれている。「認証委員会」は寄付を受け取っている人道的な団体のネットワークを形成していて、寄付者を安心させている。同業者によるラベルの発行は、アルス〔Arese ヨーロッパ企業の社会的、環境的な評価をおこなうフランス最初の評価機関、一九九七年設立〕のように専門の評価会社を必要とする。

（6）これは、企業の創設者の第一歩を支援するための協同組合である。

（7）付加価値税の問題は別扱いにすべきであろう。購買において高い付加価値税を負担していて、それを顧客に転嫁できない社会的企業には付加価値税の負担をゼロにすべきである。

（8）実際には、現在、最高裁判所で係争中である最近の事件において、司法はエマウスのコミュニティのなかで行われた工事について従属的な性格（したがって労働契約の必要）を認めている。これまで最高裁の判断はこのような考え方を否定していた。とくに、宗教的なコミュニティにおいて（精神病院においても特別な労働に対する低報酬は存在している）。宿泊に関わるようなコミュニティ的状況の中で特別な労働に対する低報酬の実践を許可するような現在のやり方は、関係省庁の省令によって規定されているが、最高裁の判決次第で不安定になるであろう。そのため、法案によるイニシアティブが必要になるだろう。これは、宗教セクトにおける奴隷制への門を開くことになると批判する考えも出てくるかもしれない。しかし、特別な労働に対する低報酬の実践が、明確に勘定され、官庁の許可に従っている場合はそうではない。

（9）以下の文献を参照せよ。Jacques Derfourny et Sybille Mertens, *Le troisieme Secteur en Europe : un aperçu des efforts conceptuels et statistiques*, Université de Liège, mimeo, 2000.

結論

イニシアティブの実現に向けて

われわれがこれまで行ってきた調査とそれにもとづく分析の結果、「社会連帯経済」と命名しうるものの将来における重要性を再確認することができる。社会連帯経済は、労働市場からもっとも離れた人びと、すなわち経済成長の回復によっても、労働時間の短縮によっても希望を抱くことはできず、「雇用を待つ行列」の最後尾に並ばされていた人々にとっての雇用の創出を意味するだけではない。ここで問題となっているのは、必要とされる特別な仕方で政府の縮小と同時に家族の解体によって脆弱になっている社会的紐帯の機能を確保することである。そしてまた、個人主義的であると同時に複雑化しているわれわれの社会において必要とされるミクロ的な調整《レギュラシオン》の機能を確保することである。最後に重要であるのは、ポスト産業文明における、とりわけ文化的な巨大需要に対応することである。

本書では、次の二つの視点にしたがって、社会連帯経済セクターを定義することができた。

——**何を行うか。**このセクターの使命は何か。何のために行うのか。われわれが確認できたのは、あらゆる経済活動は、商業的な性格を持ちつつも（ここで問題となっているのは、市民社会から発する民間のイニシアティブにもとづいて消費者に提供されるサービスのことである）、補助金や税や社会保障負担の免除によって補完的に公共の資金援助を受け取ることができ、またそれを必要としているということである。こうした経済活動は、確かに「社会的ハロー効果」、社会にとって有益な数多くの効果を生み出すことができる。つまり、職業的社会統合、社会的紐帯、共生、安全、生活および環境の改善、文化的、祭礼的な環境などである。

――いかにして行うのか。どのような法的資格にもとづくのか。われわれの理解によれば、社会経済の規範（すなわちアソシアシオン、協同組合、共済組合）、管理の規範（すなわち一人一票の原則）、さらに運営の規範（すなわち限定された営利性、剰余の不分割の原則）、これらはすべて相互性の原則にもとづく連帯経済の使命に見合っている。

地域ごとの議論を通じて国民的な論争が行われたが、その結果、社会連帯経済セクターの発展を実現するために必要な要求や提案がどのようなものであるかが明らかになった。この論争を通じて、社会経済と連帯経済というまったく異なる文化を接近させることができ、社会連帯経済セクターを「ラベル」によって定義する**基本法**の必要性が確認された。このラベルは、うまく適応された「社会経済」（すなわちアソシアシオンと協同組合）に対して付与されるが、このラベルによって、社会連帯経済の内容、「憲章」、そして法制的、税制的な特別措置をも同時に含んでいる。

本書は、そして概念的な解明を目指しつつ、社会運動のすべての参加者がこれを活用してコミュニティ全体の利益に役立たせることを目指し、これらの願望を総括的に整理しようとしたものである。

立法に残されているのは、これらのイニシアティブを実現させるためにもっとも適した諸条件を確定することである。本書のなかで素描されている法案の「骨子」によって、数多くのボランティア、賃労働者、そして協同組合員たちが立法に対して期待しているような課題を立法が実現することに貢献できれば、本書の目的は達成されたことになる。

訳者解説

サードセクター——今こそ、社会的出番！

井上泰夫

本書は、Alain Lipietz, *Pour le tiers secteur, l'écomie sociale et solidaire: pourquoi et comment*, La Documentation française/La Découverte, 2001 の全訳である。

地震災害・経済危機とサードセクター

本訳書を出版するためのすべての作業を終えつつあった二〇一一年三月一一日、日本のみならず世界の記録に足跡を残す東日本大地震が勃発した。それは、数百年から数千年に一回の確率で起こった大災害であり、東北地方の太平洋岸の港湾に面した都市、町並み、家々が巨大な津波によって瞬時に消え去った。それだけでなく、この津波は福島の原子力発電所にさらに深刻な被害をもたらし、日本だけでなく、世界中にとって放射能汚染という最悪のリスクを引き起こした。都市の崩壊と原発の制御不能という二重の困難は日本社会に大きな爪痕を残すことになり、しかも、正常化の目途が立つまでに、非常に長い時間が必要になることが確実視されている。

顧みれば、日本経済は、第二次世界大戦後、一九五〇―七〇年代の高度経済成長から、息つく暇もなく、一九八〇年代の平成バブル経済にのめり込んだのちに、一九九〇年代に入って、金融バブルは急激に崩壊し、かつて盤石の強さを誇った日本的フォーディズムの制度的枠組は次々にほころびを呈して、そのまま制度疲労に陥ってしまった。そして、「失われた一〇年」と日本の内外で評された一九九〇年代の長期的停滞を打破すべく本格的導入が官によっても民によっても推進された「新自由主義路線」は小泉政権の退陣とともに深刻な経済的、社会的矛盾を日本経済・社会にもたらすことになってしまった。なぜか。すべてを企業や個人の自由競争に委ねて、優勝劣敗を刺激して、優れた者が生き残って社会を作り直すという考え方がそもそも日本の経済風土になじまなかったからである。とはいえ新自由主義というブルドーザーが残した爪痕は震災の爪痕と同じように深刻である。大震災に見舞われた東北地方は、大地震以前に、地域間の経済格差という社会的荒波に見舞われていた。この地域間の経済格差を持ち前の粘り強さで跳ね返すべく、製造業の生産工場の誘致、あるいは伝統産業の復活、さらに観光資源の開発などによって活性化しようとしていた矢先に大災害は起こった。

このような現代日本の状況はある意味で、世界の状況を映し出している。フォーディズムから新自由主義への経済政策のシフトが経済格差という伝染病を先進諸国にまき散らしていることは周知の通りである。北米諸国も、EU諸国もミドルクラスが大量に形成される社会から、経済格差が蔓延するような格差社会に陥っている。いかにしてこの袋小路から脱出するのか。その解決のための重要な方法として、リピエッツが提唱するのが、サードセクターの確立である。サードセクターについて詳細な説明は本書における叙述に譲るが、その理念は危機に陥った社会が固有に備えている社会の自律的な組織化に関わっている。経済格差に見舞われている社会において、そして今回の大地震のように既存の官・民のネットワークが一瞬にして破壊されてしまう状況において、最後の拠り所となるのが、人間社会のもつ社会的な絆である。リピエッツも、一九八五年、メキシコで遭遇した地震のおり、現地の市民社会の自律的なパワーが巨大な効果を発揮したことに驚かされたといっている。現在の経済格差が深刻であるのは、経済成長が常識であった時期には十分に機能した官と民のシステムだけではもはや経済格差の矛盾を解決できないからである。だからこそ、官と民を超えた社会的な絆としてのサードセクターがその解決の受け皿になりうる。

フォード主義から金融主導型成長へという成長体制の変換は、所得格差を数多くの国において引き起こした。このような所得格差の最大の問題は、フォーディズムにおいて長期的に実現されていた賃労働関係の不安定化である。レギュラシオン理論にとり、賃労働関係の分析は、研究の隅の首石である。そして、金融の自由化を追求することは、他方で、従来の労資妥協の見直しを要求することになる。その結果、従来活動人口の大半を占めていた正規雇用が次第に削減されるようになる。このような状況が持続しているのが現代である。そこでは、従来の官の政策（財政による失業対策負担、公共事業の実現）は当然の如く出番を失ってしまう。つまり、官の政策に依存すればするほど、財政赤字が雪だるま式に累積する。他方、民の側では、かつてのように長期雇用が経営者の暗黙の合意であった時代は過ぎ去って、グローバル競争のなかで生産コストの削減こそが企業の競争力を決定するという信念が出来上がっている。このように現代は、賃労働関係の安定化のために、官も民も有効な手立てを失っているのが大きな特徴である。

このような現代経済の状況は、今回の大震災のような悲劇的状況においても妥当するのではないだろうか。官の側でも、民の側でもネットワークは瞬時に崩壊してしまっている状況において、とりあえずの緊急対策、そしてより中長期の復興対策のなかに、社会の自己組織化に関わるような諸集団、諸組織のパワーが活用されることになれば、既存のネットワークの回復も早まるであろう。NPO、ボランティア、社会的企業、消費者団体、協同組合など日常生活に深く根をおろしている諸団体のもつパワーが生かされることになる。そうしたパワーのすべてをひとくくりにして、リピエッツはサードセクターとして概念化している。

資本主義経済はこれまで官と民という二つのモーターで機能してきた。互いに、政府の失敗、市場の失敗を補完しつつ機能してきた。だが、ポラニーが指摘しているように、資本主義経済は、経路依存的に、官でもなく、民でもないような、第三のシステム、つまり、サードセクターをそれぞれの経済社会のなかで機能させてきた。それは、日本においても然りであり、その時代、その社会に相応しい独自のシステムが存在したからこそ、明治期以降の近代化に適応することも可能になったはずである。そのような経路依存性にもとづく、官でもなく民でもないような社会化の方法を現代社会において再建、復活させることの必要性について、リピエッツは本書のなかで繰り返し力説している。著者が直接念頭に置いているのは、現代フランス、西ヨーロッパ社会であるが、本書は、ヨーロッパを越えて知識人、活動家たちに世界的なインパクトを与え続けている。

ただし、ここで確認しておくべきことは、かつて存在した社会的な絆を現代社会においてそっくりそのまま再生させるべきである、という立論は妥当しないことである。たしかに、伝統的社会においては、大家族、宗教団体がそのような役割を果たしていた。だが、現代社会は近代化による個人主義の洗礼を受けている。過去の伝統社会に舞い戻ることは不可能であり、現代的状況のなかでどう社会的絆を再生させるのかが、問われることになる。広い意味で言えば、かつての社会主義という理念はこうした社会的な絆の再建を目指す重要な役割を果たしていた。だが現存社会主義の崩壊、あるいは市場経済への移行は、もはやこのような考え方が現代の布置状況にそぐわないことを露呈してしまった。そうであるとすれば、現代社会にはもうユートピアは存在しないのだろうか。資本主義経済の金融化、グローバル化が進行した一九九〇—二〇〇〇年代は、こうしたユートピアよりも、現状がどうなっているのかに関する客観的な現状分析が要請されていた。だが、一九七〇年代半ば以降世界を震撼させ続けた新自由主義路線は、二〇〇八年夏のリーマン・ショックを引き起こすことによってひとまずその限界が明らかになった。そのような状況の中で、より現実的な、羅針盤としてのユートピアとしてリピエッツが考えているのが、サードセクターを中心とするような経済社会である。

本書の成立経緯と意義

著者アラン・リピエッツは、言うまでもなくフランスのレギュラシオン学派の創設に関わった経済学者である。多士多才なレギュラシオン学派のなかでとりわけマルクス理論について造詣が深く、しかもフェードル、マラルメの作品の批評を世に問うなど文学的才能に長じていることで知られている。文字通り複数の才能の持ち主であるリピエッツは他方で、早くから学問と政治の緊張関係を強く意識していた。そして、一九九〇年代以降、フランス緑の党の経済顧問として、エコロジーを主旋律とする経済政策の立案に関わるようになる。その過程で、次第に純粋の学問研究活動から徐々に距離をおくようになり、むしろ現実の政治過程のなかで知的実践を展開するようになる。そのような現実との格闘のなかで出来上がったのが、本書である。

本書の原タイトルを直訳すれば、「サードセクターをめざして——社会・連帯経済の理念と方法」である。著者が日本語版への序文で記しているように、社会党、緑の党など複数与党によって実現したジョスパン内閣（一九九七—二〇〇二年）において、著者は従来の持論である、サードセクターがこれからの経済システムのなかで大きな役割を果たしうる、という考えを政策のなかに反映させることを決意する。そして、フランス国内だけでなく、海外での集会を含めて、数多くのミーティングを重ねた結果、著者は、社会・連帯経済の基本法の設置を政府に提言したものの、結局かれの提案はジョスパン首相の退陣と重なって陽の目を見るに至らなかった。とはいえ、政策を上からトップダウンで提案するのではなく、数多くの現場で何千もの人たちとのミーティングを重ねるなかで、政策を練り上げるというスタイルは、実現可能なオールタナティブを提起するうえできわめて重要である。

本書の特徴は、研究者の研究テーマとしてサードセクター論が語られているのではなく、サードセクターに関する既存の研究書に比べて、実践的な性格が強いことにある。さらに、現代の福祉国家の閉塞的状況を打破すべく、資本主義経済のシステムをどう調整＝制御するのか、というレギュラシオンの理論問題が本書の大きな背景を形成している。問題の根幹は、ポスト・フォーディズム＝金融主導型の経済成長のなかで社会的ヘゲモニーを喪失した賃労働関係を、もう一度国民的な信頼を受けることができるように、いかにして立て直すか、にかかわっている。賃労働関係が国民経済のなかで社会的ヘゲモニーを喪失したことは、もはや安定的な雇用関係を維持することが社会の存立の基本原則であるということが妥当しなくなっている、異常な状況のことを意味している。欧米諸国においても、あるいは日本、韓国さらには新興の経済大国となりつつある中国においても、所得格差、雇用格差はグローバルな現象となっている。各国において所得格差という賃労働関係の不安定化はその背景が大きく異なる。高度成長を経過した諸国（欧米諸国、日本、韓国、台湾）では、かつての中産階級が二極分解して、正規雇用のイスが減少しつつあるのに対して、非正規雇用は日々増加している。他方、中国では、改革・開放政策後の輸出主導型成長を支えた現場の労働者は低賃金所得層が大半であった。これらの出稼ぎ労働者の賃金水準はその後企業の成長とともに上昇したとはいえ、これらの人びとがまだ広汎なミドルクラスを形成しているわけではない。むしろ中国経済のテイクオフ期において事業チャンスを得て利潤を獲得できた起業家、そして依然として産業構造のなかで重要な位置を占めている国有企業の幹部社員、これらの人たちが中国全体から見れば、ごく一握りのミドルクラスを形成している。こうした二極分解は、社会的不安定を強めるだけであり、かつてのフォーディズムのミドルクラス形成とは大きく異なる。

サードセクター、そして社会連帯経済とは何か

本書のなかでは、サードセクター、社会連帯経済という言葉がキーワードとして登場している。そして、これらの言葉はヨーロッパ、そしてフランスに固有の社会的経済的文脈のなかで

根付いている。日本とフランスの状況の違いを念頭に置きつつ、訳者の老婆心ではあるが、若干の説明を加えておこう。

まずサードセクターとは何か。誰もがすぐに思い浮かべるのは、日本語の第三セクターという言葉である。主として国土整備開発あるいはインフラ整備などの目的のために、半官半民の協同出資で公共事業を立ち上げる目的のために一九七〇—八〇年代以降、頻繁に使用されてきた。そして、その事業は必ずしもうまく行かないで、赤字を累積させるケースが多発するようになった。

これに対して、サードセクター（フランス語では、ティエール・セクトゥール）とは、本書のなかで説明されているように、社会連帯経済を総称するタームである。ファーストセクターが企業によって担われる市場部門であるのに対して、セカンドセクターは政府・公共部門を意味している。サードセクターとは、厳密に言えば、市場部門でもなく政府・公共部門でもない、第三の経済システムを意味している。

「社会経済」とは何か。社会保障あるいは社会福祉の観点から創設されたものであり、フランスでは一九世紀から存在している。社会的弱者として労働者階級が一九世紀以降あらゆるリスクに対して自分自身を守るために集合的に作り出した。社会経済を形成しているのは、共済組合、アソシアシオン、そして協同組合である。いずれも国民生活の中に深く根付いている。たとえば、アソシアシオンは健康、社会的サービス（教育、文化、芸術、余暇）の分野で、支出と雇用の半分近くを占めている。また、共済組合は職種ごと、職域ごとに形成されており、マイカー、マイホームに始まって、健康保険、年金に至るまでの拠出・給付サービスに係わっている。そして、社会経済に属する組織は、三つの固有の運営原則を持っている。すなわち、一人一票、剰余不分割、非営利である。

次に、「連帯経済」とは何か。社会経済の強固なネットワークにも関らず、一九八〇年代以降になると、新しい状況が生まれることになる。というのも、既存の社会経済のネットワークは正規の賃労働者の利害を擁護する点ではきわめて有効であったが、一九八〇年代以降における高失業率の持続という新しい状況に適応できなくなっていった。既存のネットワークから逸脱するような人たち、いわゆるアウトサイダーが増大する事態に対して政策的にどう対応するかが、新しい問題として生まれた。「連帯経済」は、化石化する社会経済に代替して、社会的に排除されつつある人びとと「連帯」することが基礎になっている。

このように重層化して織りあげられている歴史的現実のなかで、すでに存在する社会経済、そして新たに生まれつつある連帯経済、これら両者を総称するのが、「サードセクター」である。サードセクターは、フォード主義的な福祉国家の危機のなかで、市場も、政府もともに十分に充足できないような、新たな社会的需要を充足しようとする。つまり、ポラニー的に言えば、従来、主として交換と分配によって支えられていた経済システムのなかに、互酬性の原理を持ち込むことになる。

これに対して、連帯経済は、フォード主義という「黄金の三〇年」（一九四五―七五年）を経たのちに、低成長に移行したことと深くかかわっている。フランスの失業率が長期的に高い水準にあることは保守政権あるいは革新政権のもとでも共通に見られる現象である。失業者を中心にして社会的排除の問題にどう取り組むかがその時の政府の統治能力として問われることになる。そして、失業者を中心とする社会的排除の問題に対して、従来の社会経済を支えるさまざまな組織は主としてインサイダーの人たちのリスクを軽減するためには有効であったとしても、組織の外にあるアウトサイダーの人たちにとっては無力であるがゆえに、社会的排除の境遇にある人たちに対する連帯を強化すべきであるという声が新たに社会的に強まることになる。こうしたイニシアティブにもとづいてさまざまな連帯的組織化が進行して形成されているのが、連帯経済である。その特徴は主として草の根的なイニシアティブ、活動にあり、失業問題に始まって都市の環境問題に至るまで、市民生活に深くかかわっている。そのなかでも、とりわけ、本書のなかで強調されているのは、従来女性のアンペイドワークとして取り扱われてきた家事労働の問題である。家事労働を単に外部化するだけでは、低賃金、低技能というかたちで企業システムに統合されるだけである。家事労働と言っても、その内容は、育児、子供の教育、老人の介護に至るまで広汎な対人サービスの領域が存在する。家族よりも国家が重要な役割を果たすとされるフランスないし大陸ヨーロッパ型の福祉国家においても、家族は家庭の再生産に深くかかわっている。

一方には、広大な対人サービスという社会的需要が存在する。他方には、企業の人減らし戦略によって恒常的に高い失業率が存在する。このように社会的需要が存在するにもかかわらず、大量の失業者が存在するという不均衡をどう解決すべきか。かつてのフォード主義的な処方箋によれば、次のように考えられていた。「あなたは顔色が悪い。病気ではないだろうか？　疾病手当てをあげるから、医者に診てもらいなさい。貧しくて住まいを入手できないのですか？　住宅手当が支給されるのを待ちなさい。あなたは失業者ですか？　では、失業手当をあげましょう。ただし、決して『仕事をしよう』などと思わないでください！　家に留まってくださ い！」（アラン・リピエッツ『勇気ある選択』若森章孝訳、藤原書店、一九九〇年、一六八頁）こう したケインズ主義的な社会保障制度が受動的な政策対応に終始して行き詰ったことから、積極 的な雇用政策が生まれたが、そこでは新自由主義的な論調が優位したために、結局こうした対 人サービスという社会的需要は、企業によって充足されるようになる。これでは、政府がうま く行かなければ、あとは企業という二元主義から脱け出せないことになる。この二元主義にと どまるかぎり、新たな地平は射程に入ってこないというのが、リピエッツの主張である。そし て、人間間の相互扶助にかかわるような仕事、サービスが企業に委ねられることは、ほとんど の場合、その仕事のもつ人間的な温かさよりも、収入を得るための義務的な作業になってしま う。そして日本の介護保険制度が示しているように、政府の財政補助プラス介護企業による経 営というスタイルでは、財政補助を増額するか、企業利益を抑制しないかぎり、介護労働の低 賃金という問題は解消されないことになる。これは、政府か、企業かという二元主義で考えら れていることの帰結である。

人間の再生産にかかわる社会的有効性をもつ需要は政府によっても、企業によってもうまく 充足できない。政府、地方自治体が介入すれば、官僚主義的な組織化の弊害が必然的に生まれ るし、企業は利潤最大化原理で行動する以上、一定以上の水準の利潤が予想できないかぎり投 資を決断しない。そうだとすれば、人間の再生産が人間の居住地区を中心にして行われる以上、 居住地区内における近隣生活を市民社会のなかで自律的に組織化する可能性が存在する。サー ドセクター論にはこうした市民社会の下からのイニシアティブという発想が存在する。これは従来の日本の第三セクター論とは明らかに異なる点である。

日本社会の文脈のなかで考えるとき、サードセクター論は、NPO運動と関連している。日本のNPOは環境、自然保護、文化、社会などの領域ですでに大きな活動の蓄積がある。そして、もはや活動人口の三分の一に達している大量の非正規雇用者問題はNPO活動のなかに十分取り込む余地がある。NPO関連法が整備されて久しいが、現在の最大の問題である雇用問題とNPO運動は今後ますます重要になるだろう。地元の生活に密着した課題、問題を取り扱うのがNPOの目的であるとすれば、企業にとり採算性の取りにくい活動について、市場経済のルールに従いつつ、相互扶助の考え方に立って運営することは可能である。その意味でも、NPOについての従来の考え方が、本書のなかで展開されているサードセクター論と結びつくことによって、理論的なバックボーンと実践的な戦略を獲得することができるだろう。

リピエッツはすでに『勇気ある選択』のなかでサードセクター論について一章を設けて語っていた。それから一〇年を経過して、本書が公刊された。その間に著者のサードセクター論は社会経済、連帯経済の理論的、制度的分析とともに深められることになった。本書の原書が出版されたのは二〇〇一年である。それから一〇年が経過している。その間に、日本においても、フランス・ヨーロッパにおいても、格差社会の進行、個人の孤独化、高齢化、ワーキングプアの増大など現代資本主義の問題が共通して噴出している。市場経済、公共経済とともにサードセクターが十分に機能して初めて、これらの問題は解決可能となる、そうした状況にわれわれは直面している。

現代の雇用とサードセクター

いったい、現代経済はどうして所得格差、そして富と貧困の対立という社会的な病を克服できないのだろうか。かつての貧困問題は経済の高度成長によってフォーディズムという枠内でともかく解決することができた。ところが、日本経済について言えば、きわめて平等的であるといわれた所得再分配が実現しつつある時点で経済はバブル化したのである。そしてバブルが崩壊したのちには、もはや安定的雇用は経済運営(＝レギュラシオン)の主要な目標でなくなった。それよりも、経済的停滞、低迷を脱するために必要とされる企業経営のイノベーションがもてはやされるようになる。こうしたこわもての経営者は従業員の解雇・リストラを躊躇なく決断して、資本市場での受けをよくすることに努める。そうした経営者こそ危機において必要であるとの言説が支配的になる。このような状況において、従来の日本企業のお家芸であった長期的な雇用確保はもはや時代遅れであるとみなされてしまう。あくまで企業の社会的責任は雇用の確保であると断言できる経営者はごくわずかになっている。

たしかに、働く側においても、働き方のスタイルが変わってきている。もはや終身雇用という名の長期雇用が雇用者全員に用意されていないことが明らかであるとすれば、かつて存在したはずの会社との暗黙の合意である、〈長期雇用 対 労働生産性上昇のための努力〉という妥協も自ずから変容することになる。内部昇進がもはや前提とならないのであれば、何のために残業・長時間労働を受け入れるのか。その理由づけは大多数の被雇用者において弱まることになる。要するに、働きたいとき、働けばいい、というライフスタイルの登場である。だが、新しいはずのライフスタイルはそれにふさわしい制度変化を伴わないかぎり、雇用の切り売りにすぎなくなる。そして現実に日本で起こっているのは、そうした雇用、仕事の切り売りであり、雇用者のライフスタイルがその結果、不安定化している。かかる状況が続くかぎり、結婚・家庭・育児というかつて大多数のひとびとが実現できたライフスタイルがもはや少数の人たちにしか獲得されなくなっている。

こうした現代経済に共通する賃労働関係の不安定化の解決の糸口をどこに求めるべきだろうか。資本主義システムは、市場と政府という異なる部門を抱えている。これら二部門は、それぞれ「政府の失敗」、そして「市場の失敗」という欠落を補完すべく存在している。こうした二大部門とは別に、資本主義の進化の過程で、民間企業でもないし、政府活動でもない、第三のサードセクターが生まれている。二一世紀はこのサードセクターが成長する時代である、というのがリピエッツの将来展望である。

著者のこうした発想を支えているのは、フォード主義を原動力とする福祉国家が一九八〇年代以降欧米諸国において危機的状況に陥るなかで、市場か、政府か、という資本主義システムについての二元主義的対応が現実に行き詰っているのではないか、という見方である。実際フォーディズムの形成、展開過程で実現したのは、国民の需要を企業あるいは、政府によって最大限充足することであった。最大限とは、現金需要にとどまらず、消費者信用によってこうした需要が「過程のなかの価値」として先取り的に社会的に実現されていたことを意味している。労働生産性の上昇が規則的であり続ける限りにおいて、こうした「赤字の貨幣化」による成長戦略は実現可能であった。だが、一九七〇年代の石油ショックを契機にして、欧米諸国は「黄金の三〇年」という高成長から、低成長、長期的不況という荒波に見舞われることになる。

そして景気回復のために大規模な財政赤字を計上して、公共投資を中心にして不況からの脱出を図るというケインズ主義的な成長戦略は次第にその効果を弱めていく。それに代わって登場したのが、新自由主義的な戦略である。低インフレ、財政均衡という名目的規準を重視して、それまでの拡大戦略に代わって、緊縮政策を実施することが、保守、革新を問わず、欧米諸国の一般的な経済運営になった。もはやかってのように、「大きな政府」というスローガンのもとにすべての公共的需要を満足させることはできなくなっている。だが、市場経済の中ですべての需要を満足させることができないのも、すでに十分明らかになっている。こうした状況のなかで、市場でもなく、政府でもない「サードセクター」が生まれることになる。

現代資本主義とサードセクター

だが、このサードセクターは、すでに資本主義の歴史のなかで現実に存在している。それが、すでに述べたように、フランスにおける「社会経済」、「連帯経済」である。リピエッツの言うサードセクターとは、これら伝統的な既存の社会経済、連帯経済の総称である。

これから充足される新しい社会的需要とは何か。それは、介護、福祉、健康に始まって、都市環境の整備、町並みの整備など、多種多様であるが、いずれも強い地域性を有する需要である。高失業率が存在する地域では、失業者にとり有益な職業教育を実施することも新たな需要の充足になる。このような例を積み重ねると、結局、サードセクターが取り扱うのは、社会的な絆の再建である。本書のキーワードであるサードセクターのもつ「社会的ハロー効果」とは、この社会的な絆を意味しているからこそ、きわめて重要な概念である。

このサードセクターについて、いわゆる非営利セクターとどう異なるのか。著者によれば、社会経済を支える三つの経営原則は依然として有効であるにしても、「非営利性」の規準については、まったく利潤を出すべきではないという意味は緩和されるべきであり、標準的ないし「法的に規制された」利潤を計上することは積極的に承認すべきである。要するに、投機的な利潤、ハイリターン型の経営は不適切であるが、適切な利潤は実現すべきである。これ以外のサードセクターの諸側面については本書の説明に譲りたい。

日本経済とサードセクター

日本の状況について考えてみよう。バブル経済の崩壊が始まった一九九〇年代以降、日本経済は、今では「失われた二〇年」と呼ばれるのが当たり前になっている。それはそのまま、「日本の賃労働関係の失われた二〇年」であった。現在においてもなお基本的状況は大きく変わっていないがゆえに、失われた二〇年は現在も持続している。この停滞的局面は、財政赤字、経済の先行きへの不安、高齢化、少子化など数多くの問題を生み出している。しかもいずれも短期的ではなく、長期的な対応を必要としている。かつて、日本経済論が華やかなりし頃、中小企業に働く人たちは含まれていなかったにせよ、長期雇用＝終身雇用の原則が、幻想ではなく現実に神話的原則として機能していた。賃労働関係のレギュラシオンについて言えば、欧米諸国の産業部門レベル、あるいは全国レベルでの妥協の形成に対して、日本は企業レベルでの合意形成に特化していた。そこでは社会的な絆は決して完璧ではなかったにせよ、企業による個人の包摂、そして核家族化しつつある家族による包摂が維持されていた。

そのような強固な統合社会としての日本はこの二〇年間に大きく衰退している。代わって登場したのが、格差社会であり、個人間の所得・雇用格差、地域間の経済格差が進行している。自殺、孤独死が社会的話題となるなかで、はたして日本において社会的な絆はどうなっているのか。家族さえも絆としての役割を弱めており、自分の老後を家族の世話にならないことを希望する人たちの割合が増えているという。

このような日本経済、そして日本社会の現実を考えるとき、本書で展開されているサードセクター論は一定の示唆を与えることができるだろう。先に述べたような日本社会において現在、もっとも社会的需要が強いにもかかわらず、供給体制が十分に追いついていない分野が存在する。それは、コミュニティに生活する人間の存在、生存に根本的に直結するような需要である。著者が本書のなかで述べているように、コミュニティという言葉の語源には、ミニュ「寄付と責務」という意味が含まれている。このミニュは、フランス語ではミュニシパリテ（市町村）という言葉になっているし、また、レミュネレ（報酬を与える）という言葉にもなっている。つまり、ポラニーの言う互酬の復活である。決して戻ることのできない、近代以前の自然的な家族的な相互の温かい関係に戻ろうという意味ではまったくない。だが、いかなる社会においても、この人間間の互酬的関係は不可欠である。こうした互酬的関係が企業ビジネスだけで充足されるだろうか。われわれは、介護、健康、医療、教育、そして文化、余暇という経済分野において市場経済の中の旧来型の企業に多大の期待を寄せすぎではないだろうか。二一世紀においてますます重要になるこれらの分野において、企業ビジネス、そして公共ビジネスという伝統的なビジネススタイルに加えて、サードセクターを構想できるはずである。企業に固有の利潤最大化原則に囚われないし、また、政府予算に依存することもないような、自律的なビジネススタイルである。市場経済の基本的ルールを遵守しつつ、政府に過度に依存しないような経営スタイルが基本となる。

二一世紀とサードセクター

資本主義は人間の労働に対して正当な対価を支払うようになるために、二世紀かかった。その資本主義は現在、自然である環境に対して正当な対価を支払うよう要請されている。これはリピエッツが別の著書のなかで述べていることである。このこととのアナロジーで言えば、二一世紀の間に、資本主義は三世紀かかってサードセクターを正当なシステムとして認知することになるであろう。

産業主導型のフォーディズム的成長から一転して金融主導型成長に変身した現代資本主義は大きな軌道修正がなければ、バブルの発生と爆発、崩壊を定期的に繰り返すようなジェットコースター的経路をたどり続けるだろう。バブルへの期待に依存せざるをえないほど、現実の停滞観はこれまで述べてきた賃労働関係を中心にして強く居座り続けている。だが、このジェットコースター資本主義はきわめて不安定である。しかも、バブルの発生はもはや国内経済にとどめておくことができず、ただちに国境を越えてグローバルに波及してしまう。このことは二〇〇八年のリーマン・ショックに象徴される世界同時金融危機としてわれわれの記憶にきわめて新しい。一九七〇年代半ばまで世界経済の管理（＝レギュラシオン）はケインズ主義的な景気調整政策→マイルドインフレ助長→成長経済の実現→所得増→消費増→累積的成長、という循環構造にしたがっていた。ところがこの成長メカニズムが一九七〇年代の高インフレと失業の並存という状況のなかで、低インフレ↓低成長に転化した。かつての好循環はもはや存在しなくなっている。それに代わって定着しているのが、次のようなデフレスパイルの構造である。グローバル競争↓生産コスト引下げ↓賃金水準引下げ↓消費水準停滞↓売上停滞↓いっそうの値下げ競争。二〇〇八年以降になると、このような図式に自国の輸出増、価格競争を強めるために、アメリカ合衆国を含めて、自国通貨安を実現するための為替政策が一般化しつつある。

このようないわば守りの戦略が支配的になりつつあるなかで、どう攻めの戦略を構想することができるのか。本書のテーマであるサードセクター経済はそのような攻めの戦略に連なる内容を有している。

現代資本主義の中長期的展望という観点から見れば、リピエッツの言うサードセクター経済とは、分権化した地域的再生産圏の経済ではないだろうか。もはや高度成長のさいに有効に機能した中央集権的な経済構造は制度疲労を起している。そして、地域は過疎化の動きに悩んでいるとはいえ、教育水準の上昇によって、優秀な人材は地域の各地に存在するという時代になっている。そのような時代においてすべてが中央で決定され、地方には中央の出先機関がすべて存在するという構造は、地域の自発的なイニシアティブを発現しにくくしている。そしてまた、地域固有のニーズが掘り起こされないがゆえに、地域の問題がいつまで経っても解決されないという悪循環が定着してしまっている。豊かな自然資源に恵まれているはずの地域に人が寄り付かず、東京を始めとするいくつかの大都市だけが人口増によってますます過密化の方向を歩み続けるというのであれば、それは歪んだ国土整備計画である。

地域経済が不動産バブルであれ、観光ブームのバブルであれ、中央発のバブル好景気に翻弄されるかぎり、地域の開発は一過性のものにとどまる。そうではなく、地域に根を張った土着の産業、あるいは金融が地域経済を支える、そしてそのことによって地域の再生産圏を確立することが基本的な社会戦略になりうる。

経済理論の歴史のなかに位置づけるとすれば、再生産の概念は、マルクスが忘れられた古典派経済学者であるフランソワ・ケネーの「経済表」のなかに再発見した概念である。ケネーからマルクスという経済学の鉱脈を経て、現代においても再生産の概念は、資本主義社会の成立・持続の根本を思い出させる概念ではないだろうか。このような議論をレギュラシオン理論と関連させるとき、フランス経済学の学説的展開のなかで、ケネーの再生産→マルクスの再生産論→現代のレギュラシオン概念、という学説的展開を考えることも十分可能である。

＊　＊　＊

最後になるが、本書出版以降の著者の近況について記しておこう。

Alain Lipietz, *Refonder l'espérance : leçons de la majorité plurielle*, Paris, La Découverte, 2003

Alain Lipietz, *Face à la crise : l'urgence écologique*, Paris, Textuel, 2009

これらの著作のうち、最初の著作は、緑の党がジョスパン内閣に参加して政策の立案に関ったときの経験を分析したものである。また、二〇〇九年に発刊された第二の著作は、リピエッツへのインタビュー形式で、二〇〇八年の世界同時危機以降の世界経済の動向が論じられている。

現在、ヨーロッパ議会議員の二度の任期（一九九九―二〇〇九年）を終えて政治家としてのエネルギーを充電中であるが、これら二冊の最近著に見られるように、固有の研究書ではないけれども、実践的な活動のなかでリピエッツに独自の社会科学の理論的枠組にかかわる知的な分析が結実している。現実にはジョスパン首相の退陣によってリピエッツの社会改革としての「社会・連帯経済基本法」構想は実現しなかった。だが、それから一〇年経過した現在においても、日本語版への序文のなかで彼が力強く述べているように、フランス大統領選挙を迎える二〇一二年という政治日程を明らかにリピエッツは念頭においている。この日程のなかでエコロジー政策と関連させつつ、サードセクター論を位置づけているのである。

本書の翻訳を思い立ってから早くも一〇年が経過している。ひとつには、訳者の健康状態のため、途中まで進められていた翻訳作業は数カ年まったく停滞してしまった。そして、作業を再開した二〇〇八年には、今度はリピエッツが長年の人生の伴侶であるフランシーヌ・コントの看病に追われるというめぐり合わせになってしまった。そのような経過のなかで、訳者が二〇〇七年パリに出張した折、撮影したのが、本書の著者近影（**カバーソデ**）である。それから後、昨年末になって、著者に日本語版への序文を依頼したところ、ただちに書き上げてくれて、本書の出版の機運は一気に高まった。

通常であれば、時論的性格の強い社会科学系の書物は、原著の出版から一〇年も経過すればすっかり新鮮さを失うのが普通である。だが、本書は以上のような理由で日本語訳が世に出るまでかなりの時が経過してしまったけれども、経済格差の深まりに加えて、東日本大震災、福島原発の制御不能に至ったこの一〇年間は日本においてサードセクターの必要性が徐々に高まる時期であったがゆえに、まさしく時宜に適った出版のタイミングになったと考えている。

最後になるが、本書の重要性を企画の当初から理解して下さると同時に、長期にわたった翻訳作業を辛抱強く我慢してくださった藤原書店社長、藤原良雄氏に感謝したい。また、本書の編集作業において、いつもながら手際よく仕事を進めてくださった西泰志氏の努力に謝意を表したい。なお、フランス人の人名の日本語表記について、カトリーヌ・アンスローさんにアドバイスを頂くことができた。

二〇一一年四月三日

著者紹介

アラン・リピエッツ（Alain Lipietz）

1947年生まれ。CNRS主任研究員を経て、1999年から2009年までヨーロッパ議会議員。その間、フランス・緑の党の経済顧問として活動。主な著書に、『奇跡と幻影――世界的危機とNICS』（新評論、1987年）『勇気ある選択――ポストフォーディズム・民主主義・エコロジー』（藤原書店、1990年）『なぜ男は女を怖れるのか――ラシーヌ『フェードル』の罪の検証』（藤原書店、2007年）など多数。

訳者紹介

井上泰夫（いのうえ・やすお）

1951年生まれ。パリ第2大学大学院経済学研究科博士課程修了（経済学博士）、現在、名古屋市立大学大学院経済学研究科教授・研究科長。経済理論専攻。著書に『〈世紀末大転換〉を読む』（有斐閣）、訳書に『現代「経済学」批判宣言』『世界恐慌　診断と処方箋』『ニュー・エコノミーの研究――21世紀型経済成長とは何か』（ともにボワイエ著、藤原書店）などがある。

サードセクター――「新《あたら》しい公共《こうきょう》」と「新《あたら》しい経済《けいざい》」

2011年4月30日　初版第1刷発行 ©

訳　者　井　上　泰　夫

発行者　藤　原　良　雄

発行所　株式会社　藤　原　書　店

〒162-0041　東京都新宿区早稲田鶴巻町523

電　話　03（5272）0301

FAX　03（5272）0450

振　替　00160-4-17013

info@fujiwara-shoten.co.jp

印刷・製本　音羽印刷

Printed in Japan
ISBN978-4-89434-797-7

レギュラシオン理論の旗手

ロベール・ボワイエ（1943-　）

マルクスの歴史認識とケインズの制度感覚の交点に立ち、アナール派の精神を継承、さらには、ブルデューの概念を駆使し、資本主義のみならず、社会主義や南北問題をも解明する全く新しい経済学＝「レギュラシオン」理論の旗手。現在は、数理経済計画予測研究所（CEPREMAP）および国立科学研究所（CNRS）教授、ならびに社会科学高等研究院（EHESS）研究部長として活躍。「制度諸形態」「調整様式」などの概念と共に、制度論的視角を持ったマクロ経済学として生まれた「レギュラシオン」を、最近の諸学派との切磋琢磨を通じ、「制度補完性」「制度階級性」「制度的多様性」「制度的変容」などの論点を深化させている。

危機脱出のシナリオ

第二の大転換
（EC統合下のヨーロッパ経済）

R・ボワイエ　井上泰夫訳

一九三〇年代の大恐慌を分析したポランニーの名著『大転換』を受け、フォード主義の構造的危機からの脱出を模索する現代を「第二の大転換」の時代と規定。EC主要七か国の社会経済を最新データを駆使して徹底比較分析、危機乗りこえの様々なシナリオを呈示。

四六上製　二八八頁　**二七一八円**
（一九九二年一一月刊）
◇978-4-938661-60-1

LA SECONDE GRANDE TRANSFORMATION　Robert BOYER

現代資本主義の〝解剖学〟

現代「経済学」批判宣言
（制度と歴史の経済学のために）

R・ボワイエ
井上泰夫訳

混迷を究める現在の経済・社会・政治状況に対して、新古典派が何ひとつ有効な処方箋を示し得ないのはなぜか。マルクス、ケインズ、ポランニーの系譜を引くボワイエが、現実を解明し、真の経済学の誕生を告げる問題作。

A5変並製　二三二頁　**二四〇〇円**
（一九九六年一一月刊）
◇978-4-89434-052-7

市民活動家の必読書

NGOとは何か

〈現場からの声〉

伊勢﨑賢治

アフリカの開発援助現場から届いた市民活動（NGO、NPO）への初のラディカルな問題提起。「善意」を「本物の成果」にするために何を変えなければならないかを、国際NGOの海外事務所長が経験に基づき具体的に示した、関係者必読の開発援助改造論。

四六並製　三〇四頁　**二八〇〇円**
（一九九七年一〇月刊）
◇978-4-89434-079-4

日本人の貴重な体験記録

東チモール県知事日記

伊勢﨑賢治

練達の〝NGO魂〟国連職員が、デジカメ片手に奔走した、波瀾万丈「県知事」業務の写真日記。植民地支配、民族内乱、国家と軍、主権国家への国際社会の介入……。難問山積の最も危険な県の「知事」が体験したものは？

写真多数
四六並製　三二八頁　**二八〇〇円**
（二〇〇一年一〇月刊）
◇978-4-89434-252-1

国家を超えたいきかたのすすめ

NGO主義でいこう

〈インド・フィリピン・インドネシアで開発を考える〉

小野行雄

NGO活動の中でつきあたる「誰のための開発援助か」という難問。あくまで一人ひとりのNGO実践者という立場に立ち、具体的な体験のなかで深く柔らかく考える、ありそうでなかった「NGO実践入門」。

写真多数
四六並製　二六四頁　**二二〇〇円**
（二〇〇二年六月刊）
◇978-4-89434-291-0

「赤十字」の仕事とは

「赤十字」とは何か

〈人道と政治〉

小池政行

〝赤十字〟は、要請があればどこにでもかけつけ、どこの国家にも属さない〝中立〟な立場で救援活動をおこなう〝人道〟救援団体である。創始者アンリ・デュナンのように、困難な状況にある人々を敵味方なく救うという〝人道〟意識を育むことで、日本人の国際感覚を問い直す。

四六上製　二五六頁　**二五〇〇円**
（二〇一〇年四月刊）
◇978-4-89434-741-0

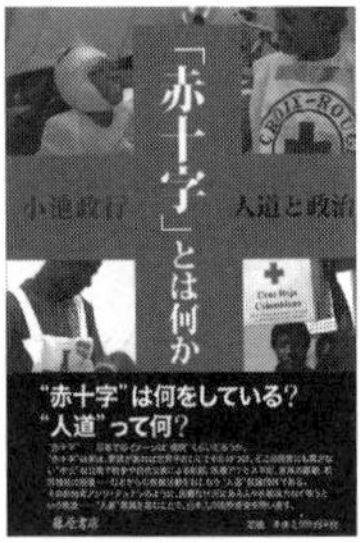

一九九五年二月二七日第三種郵便物認可　二〇一一年四月一五日発行（毎月一回一五日発行）

月刊
機
2011
4
No. 229

発行所　株式会社　藤原書店 ©
〒一六二-〇〇四一　東京都新宿区早稲田鶴巻町五二三
電話　〇三・五二七二・〇三〇一（代）
FAX　〇三・五二七二・〇四五〇
◎本冊子表示の価格は消費税込の価格です。

編集兼発行人
藤原良雄
頒価　100円

TPP論議に揺れる現在、自由貿易と保護貿易のどちらを選択すべきか？

自由貿易の神話

――学芸総合誌・季刊『環』特集――

E・トッド＋佐藤優＋王柯＋榊原英資＋小倉和夫

E・トッド氏

仏の人類学者エマニュエル・トッド氏は、現在の世界経済危機の原因は、自由貿易による世界規模の需要縮小にある、と指摘している。だが、G8やG20に集まる各国の指導者は、こうした危機の原因を認めようとせず、それどころか「保護主義に走ることこそ脅威である」「保護主義だけは避けなければならない」と異口同音に唱えている。「自由」という響きのよい言葉によって絶対視されている〝自由貿易というイデオロギー〟を今こそ問い直さなければならない。

編集部

● 四月号目次 ●

自由貿易とは何か

トッド　まず私が専門家としてお話しできるテーマ、民主主義と自由貿易から始めます。この問題は非常に単純な形で要約できます。労働市場を地球全体で統一すると、ある一定の時間の後には地球レベルで存在する格差が各国社会の中で再現されて、先進国の豊かな社会では不可避的に格差が増大します。したがって、再び貧困者が登場するということになります。すなわち、自由貿易につきものの格差の問題と、すべての人間が平等に生活あるいは行動できるという民主主義との間に、根本的な矛盾が生じます。

この問題は、現在の自由貿易の状態では、全体としての富の増加さえ実現できていないことにより、悪化しています。地球全体で賃金競争が起こるために、賃金レベルが引き下げられます。その結果、地球全体で需要不足が起こります。

第一段階では、このような需要不足の傾向は、アメリカの貿易赤字によって、いわば相殺あるいは補てんされるわけです。そのことによって、アメリカの貿易赤字がふえていく。まさにそのためにアメリカの金融システムが崩壊し、世界的な経済危機が起こったわけです。

自由貿易主義というのは、その理論的枠組みからして、格差をもたらすものであるにもかかわらず、なぜ先進国ではそれを今まで維持してきたのか。私にとって説明は簡単で、民主主義と平等主義的な感覚が強くなってきた要因は、歴史的プロセスとしての大衆の識字化です。すなわち国民全体が読み書きできるようになったと意識した時に、民主主義的な平等の感覚も定着したのです。一方では第二次大戦後の中等・高等教育の進展によって、先進国においては教育に関する限り階層化が起こりました。即ちこの時期の格差の拡大の下部構造として、経済よりも深いところにある、教育という現象、メンタリティの問題が横たわっていると思います。

民主主義の危機

トッド　もう一つ、非合理的というか心のレベルでの自由貿易への志向は、集団的な偉大な信仰がなくなったのが要因です。国民全体の識字化の達成に、この集団的な信仰が結びついていたわけです。一国の国民全体という集団、ある階級集団に属しているという感覚、あるいは宗教的な集団的信仰。そういった集団的信仰が消滅したことによって、先進国ではあるけれども個人が非常にアトム化

された状況になりました。
　したがって、現在の状況を経済的に分析すれば、非常に単純な形になります。それに対する経済技術的な解決策も単純で、国民国家を超えたレベルで保護主義を導入することです。しかしそのような超個人化された社会において、日本というよりは西欧とアメリカを念頭において申しているのですが、この保護主義という集団的な解決策は、それが集団的な性格を持つものであるが故に不可能になっています。
　保護主義は集団的なプラスの意味を持った企てであって、それによって国内の賃金レベルは上がります。それがひいては、国際貿易に再び活力を呼び戻すことになると考えています。ところが集団的信仰の欠如によって、今のところそのような解決策は不可能です。

　世界で最初の民主主義国、アメリカ、イギリス、フランスといった国は、いま申し上げたような問題が他の国より強く現れています。例えば教育水準の格差、経済格差は、ほかの国よりもこの三ヵ国で大きくなっている。比較の対象は、より最近民主主義化した国、第二次大戦以前には民主主義国とさえみなされていなかったドイツ、日本といった国が挙げられます。ところでドイツと日本では平均的な教育水準がより高く、経済格差も最初に挙げた国ほど拡大していない。すなわち、民主主義が生まれた国において、まさに民主主義の危機というものが深まっている。矛盾しているように見えますが、非常に論理にかなった状況でもあります。

自由貿易／国家間関係／民族の力という三位一体

佐藤　今のプレゼンテーションに、大変に知的な刺激を受けました。それとともに、トッドさんの背景には、形而上学があるように思われます。

トッド　そのとおりです。

佐藤　ですから、ほかの人に見えないものが見える。それは何かというと、自由貿易プロセスが進むと、必ずそれに反対する力がどこからか出てくる。反対する力というのは、一つは民族であり、もう一つは国家です。

　さてトッドさん、この自由貿易と国家間関係と民族の力、まるでキリスト教の神の三位一体のような構成になっています。この枠組みから人類は抜け出すことができるのでしょうか。あるいは、この枠組みの中で力点を変えながら生き残る方策を考えないといけないのでしょうか。

公正と正義をどう考えるのか

王　むしろ自由貿易をやめて保護主義の方がいいという話に対して、私は私なりにちょっと納得できないところがあります。私たちが理解しているフランスのいわゆる社会科学の原点は、平等を求めることでした。しかしこのことを考えるとき、トッドさんの視点に「平等」の限界が感じられ、「平等」を図る単位も混乱しているように感じられました。今、国民国家レベルの保護主義というふうにおっしゃいましたが、トッドさんの話からは、ヨーロッパ単位、あるいはアジア単位の表現も見られます。

　ジョン・ロールズの言う「公正としての正義」が実に重要な命題を提示しました。つまり公正があって初めて正義が成立します。このような公正は、一つの国民国家、あるいは一つの欧州の境によって限られてその中で図るものではありません。自由貿易のおかげで、たくさんの貧しい国の人々の賃金が上がったという事実も、私は無視してはいけないと思っています。

欧米と日本の時代は終わりつつある

榊原　トッドさんのお話は確かに今アメリカがリードしてきた市場原理主義

という、自由貿易の原理が必ずしも適切なものではないという意味では、非常に説得的だと思います。ただ、この見方は極めてヨーロッパ的というか、先進国的。中国の側、あるいは新興市場国の側から考えると、賃金が上がる、あるいは需要が拡大するということですね。グローバルに考えれば、これから問題は需要不足ではなくて資源不足、エネルギー不足、あるいは食糧不足であるという時代に入ってくるのだろうと思います。

非常に大胆なことを言わせていただければ、欧米の時代と日本の時代が緩やかに終わりつつあって、過去四千年、五千年の歴史の通常のパターン、中国とインドが中心に戻っていくということではないかと思います。

国内的・国際的ジレンマと近代化

小倉　現在、先進民主主義国ということだけをとれば、政治的なジレンマに直面していると思うのです。国内的なジレンマと、国際的なジレンマです。

国内的に言えば、政治に対する不信感ですね。一種のポピュリズム的な傾向もあります。もう一つのジレンマは、国際的な社会における、文化と経済はますます相互依存関係がふえて、グローバル化している。ところが、選挙は一つ一つの国の中でしますから、政治は国境をなかなか越えられません。そういうときに各国家のナショナリズムを克服して、国際的な民主主義を実現する方法は何か。

最後に、第三番目の大きな問題は、近代化です。これからのフランス、ドイツ、アメリカ、日本が、開発途上国に、経済発展の先にある政治的なシステム、政治的なあり方について民主主義がさらに行き着くところ、ポストモダニズムの世界で理想的な、政治的なものというものは、いかにあるべきかについての回答を、我々が提示できるかにかかっているのではないかと思うのです。

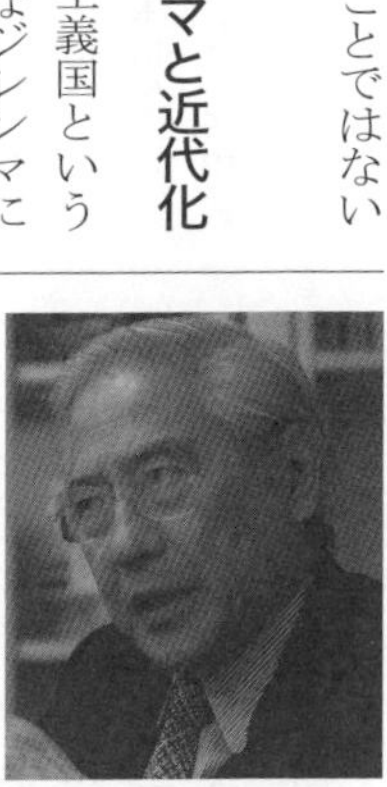

（構成・編集部）

＊全文は『環』45号に掲載

（Emmanuel Todd／歴史人口学・人類学）
（さとう・まさる／作家・元外務省主任分析官）
（おう・か／神戸大学大学院教授・中国近現代史）
（さかきばら・えいすけ／元大蔵省財務官・経済学）
（おぐら・かずお／国際交流基金理事長）
（小林新樹・訳）

民主主義とイスラームは相容れないのか？　欧米の「常識」を覆す

宗教と革命

レザー・アスラン

デモの主体は失業青年たち

先週来〔本稿は二月二日『ワシントン・ポスト』紙に掲載された〕、エジプトから流れてくるドラマティックな映像は、三〇年にわたるアメリカの盟友ホスニ・ムバラクの独裁の終焉を示唆している。

世界が注視しているのは、アラブ世界を揺るがしている最近の市民蜂起からどんな国が生まれてくるかという点だ。だが、アメリカでは、中東と言えばつい、イスラーム独自の問題にこだわり、とくに、「ムスリム同胞団」がエジプトの将来にどんな役割を果たすことになるかという話題になりがちだ。共和党の次期大統領候補リック・サントラムはすでに、残酷で抑圧的なムバラク政権の打倒を呼びかける若い抗議者と、三〇年前、もう一人の卑劣な独裁者で元アメリカの盟友だったイランの国王《シャー》を打倒した市民の抗議行動を同列に置いている。「われわれが〔国王を〕見捨て、代わりに得たものは……急進的なイスラーム体制だった」とサントラムは言う。もう一人の共和党大統領候補マイク・ハッカビーも、こうしたヒステリックな論調に呼応し、「もしも〔エジプトの〕不穏な社会情勢の裏にムスリム同胞団がいることが事実であれば、命ある者はみな、目をそらしてはならない」と語った。

そこでまず気をつけなくてはならないのは、「ムスリム同胞団」は反ムバラク蜂起の発起人でもなければ（それどころか、同調するのもずいぶん遅かった）、その後の主導権も握っていない点である。「同胞団」はエジプト最大の反体制運動組織ではあるが、世界の注目を浴びたデモを煽動したのは、大半が失業中の数十万人のエジプト青年たちだった。彼らは長年にわたるムバラク体制に最も意義ある挑戦に立ち上がったことによって、「ムスリム同胞団」を含むエジプトのこれまでの伝統的な反体制グループの株を完全に奪ってしまった。エジプト人学者エマド・シャーヒンは『ニューヨーク・タイムズ』

紙にこう語っている。

「同胞団はもはや、政治領域での最有力活動集団ではなく……〔主役は〕若者の蜂起だ。役者は、メディア、インターネット、フェイスブックの利用法を知っている青年層で、つまり、これまでの活動家とは別人である」。

ムスリム国の民主化と宗教

だが、早とちりしてはいけない。エジプトの昨今の蜂起がどのような方向に展開するにしても、「ムスリム同胞団」はムバラク以後のエジプトで重要な役割を果たすことは間違いないからだ。エジプト人の圧倒的多数――二〇一〇年のピュー・リサーチ・センターの統計によれば九五％――が認めているのは、この国の政治にイスラームが一定の役割を果たすべきだという考え方である。同様に、二〇〇六年ピューの統計によれば、欧米の一般人の大半は、民主主義は「欧米的なことの運び方で、ムスリム国にはほとんど通用しない」と考えている一方、調査を行なったムスリムが多数を占める国の大部分が、そのような主張をきっぱりと否定し、自分たちの社会に民主主義を、ただちに、無条件で樹立するべきだと声高に叫んでいる。

▲レザー・アスラン氏
（1972-　）

アメリカ国民の大部分と同じように、ハッカビーやサントラムにとっては、この二つの統計結果は矛盾した事実のように見える。つまり、アメリカでは、イスラームは本来民主主義と相容れないものであり、ムスリムが民主主義の価値観とイスラームの価値観に折り合いを付けることができないのは当然だと考えられている。

ところが、宗教は中東で台頭しつつある民主主義に何の役割も果たすことはできないはずだと嘲ける人たち自身が、アメリカの民主主義には宗教が役割を果たすべきだと要求しているのだ。皮肉なことに、政治における宗教的行動主義の強硬な支持者の一人がマイク・ハッカビーで、「この国をキリストの教えに立ち返らせる」べきだと、繰り返しアメリカ人に呼びかけ、大統領への立候補に当たっては、「われわれのやるべきことは、憲法を改正して、神の掟に合わせることである」と誇らしげに宣言しているのである。

＊全文は『環』45号に掲載　（白須英子・訳）

（Reza Aslan／作家・宗教学者）

『環』45号〈新連載〉

孤独――作家 林芙美子

1 林芙美子の死

尾形明子

毀誉褒貶のなかで、林芙美子はひたすらに書き続けた。書くことが生きること――急逝から六〇年、作家・林芙美子をもっともよく知る著者が、これまで明かされなかった芙美子の実像に迫る長期連載。

（新宿歴史博物館蔵）

▲林芙美子（はやし・ふみこ）
1903～51年。ベストセラーの「放浪記」、パリ遊学後の「牡蠣」「稲妻」、戦後の「骨」「晩菊」「河沙魚」「浮雲」他のおびただしい作品を遺した。

平林たい子が林芙美子の急逝を知らされたのは、一九五一（昭和二六）年六月二八日未明だった。新聞社からの電話で叩き起こされてからしばらくたって、川端康成名の電報が届いた。信じられないという気持ちと同時に訳のわからない怒りが込みあげていた。とにかく駆けつけなくては、と昨夜、脱ぎ捨てたままの着物を着直した。中野区沼袋の自宅から下落合の芙美子の家まで、車で一五分ほどの距離である。

数十メートルにわたって張り廻らされた大谷石の塀の上に、豊かな樹木の陰が広がっている。林邸はまだ静まり返っていた。「東西南北の風が吹き抜ける家」という芙美子の希望どおりに設計された数寄屋造りの邸宅に、平林はくるたびに感心させられていた。大正末から昭和の初めにかけて、男と別れた芙美子が本郷追分町の平林の下宿に転がり込んできたことがあった。そのまましばらく二人で、少女小説を書きながら、カフェの女給をして暮した。魚屋の二階の三畳間だった。林邸はその貧しかった頃を想い起こさせた。芙美子二三歳、平林二一歳だった。

芙美子は書斎に横たわっていた。娘のように可愛がっていた秘書の大泉渕《えん》が泣きじゃくりながら芙美子の髪を撫で、川端康成は腕組をしたまま目を閉じている。隣の部屋では夫の〔手塚〕緑敏《りょくびん》が電話の対応に追われていた。母親のキクは入浴中だった。いつも身ぎれいに整えているキクだったが、娘の急死の朝までも、と平林は驚かされた。九州から出てきて間もない、姪の福江が養子の泰《たい》に付き添っていた。この春、学習院の附属幼稚園から初等科に進んだ泰が、「おかあちゃま、まだ起きないの。死んだの」と平林に甘えてきた。「心臓麻痺だそうだ」と、目を閉じたまま川端が言った。（第一章「葬儀」より。以下略）

（おがた・あきこ／近代日本文学研究家）

＊全文は『環』45号に掲載

21 世紀、自由貿易か保護貿易かを根源から究明

学芸総合誌・季刊
環
【歴史・環境・文明】
2011 年春号 vol.45
KAN : History, Environment, Civilization
a quarterly journal on learning and the arts for global readership

〈特集〉自由貿易の神話

菊大判 376頁 **3780円**

金子兜太の句「日常茶飯」　石牟礼道子の句「うす月夜」

脳梗塞で斃れてから死に至るまで、闘病生活九年間の全詩集

免疫学者、多田富雄の最終詩集『寛容』

石牟礼道子

> 今はこんな状態でとっさに答えができません。
> しかし僕は、絶望はしておりません。
> 長い闇の向こうに、何か希望が見えます。
> そこに寛容の世界が広がっている。
> 予言です。
> 多田富雄
> （NHK「100年インタビュー」より）

人間存在の極面にたどりつく

「新しい赦しの国」の中に、

未来は過去の映った鏡だ
過去とは未来の記憶に過ぎない

おれは飢えても
喰うことができない
水を飲んでも
ただ噎《む》せるばかりだ
乾燥した舌を動かし
語ろうとした言葉は
自分でも分からなかった
おれは新しい言語で喋っていたのだ

杖にすがって歩き廻ったが
まるで見知らぬ土地だった

真昼というのに
満天に星が輝いていた
懐かしい既視感が広がった
そこは新しい赦しの国だった

そのように始まる『詩集寛容』。式江《のりえ》夫人の「臨終の記」の最後に「ママ、ママ」と呼び続けていらしたとあります。なんと満たされた一生であられたことか。あらゆる世俗的な賛辞を超えてこのようなご夫人との絆があればこそ、この詩集がありえたのではないでしょうか。牧歌的な哲学とも読める免疫学の集大成も、最後に襲われた仮借ない病苦をくぐりぬけることによって、人間存在の極面にたどりつかれて、やさしさの極みの情愛を、あとからゆく者たちに手渡してゆかれました。

命とひき替えの予言

先生は『生命の意味論』の中で、「大元祖遺伝子」が超《スーパー》システムとして完成していくありさまを述べておられ、細胞たちが言葉の成立とほとんど同様な働きをして今日の社会を創っている様々な姿から文明論を描いておられますが、わたしはかねがねそれを読みながら、人間から始まって、山川草木虫魚、動物の魂のあり方はどう解釈されるのかしら、とたのしみにして、お尋ねしようと思っているうちに亡くなっておしまいになられ、心の核心のところが、欠損したような気持ちになっております。

Photo by Miyata Hitoshi

彼は百七十歳の翁
かつて荒野の闇に瞬《また》く
燐光の歪みから
川の曲がろうとする気配
山の崩れようとする欲望
海の溢れようとする意思を見た
老人は見すぎたのだ
この世の裏という裏を
　あげまきやとんどや
　尋《ひろ》ばかりやとんどや
　座していたれども
　転びあいにけり
　睦びあいにけり
とんどや

（「ＯＫＩＮＡ」）

命とひき替えの文言が、時代を予言する例をここに読むことができます。「超《スーパー》システム」としての人間のことを手始めに、漂流民の伝統的な演劇本能とその表現について、お話しできたらと想っておりましたので、痛切な想いで、「新しい赦しの国」の中の「未来は過去の映った鏡だ」という詩句をかみしめながら、そこに出てくる震災後の日本人の顔や声音のけなげさに涙しながら、これを書きました。

（後略　構成・編集部）

（いしむれ・みちこ／作家）

医学と芸術の両面で世界的評価を得た多田富雄の全貌。

人間の根源的なあり方に迫る

村上陽一郎

科学から思想の世界へ

多田富雄さん

あなたのような存在をなんと名付ければよかったのでしょうか。

　科学の世界でのたこつぼ化は、日々進むばかりです。科学研究の持つ本来的構造が、専門分化への指向性を備えている上に、レフェリー制度のような、現代の研究制度もまた、分化傾向を助長しこそすれ、歯止めには成りません。その小さなたこつぼのなかでさえ、いやな言葉ですが、国際的業績をあげるのに、研究者は日夜力を尽くし、必ずしも報われないのに、あなたは、斯界の誰もが認める大きな仕事を成し遂げられ、さらにその分野で、多くの研究者を育ててこられました。

　しかし、それが如何に偉大なことであれ、あなたは、そこに安住され、満足されませんでした。あなたの仕事の可能性は、ご自分の科学研究の成果を土台にしながら、名著として語り継がれる『免疫の意味論』以降、思想の世界にも展開しました。通常現代の科学研究者は、自分の狭いたこつぼに住む同僚たち以外に、コミュニケーションの相手を持ちません。国内、海外を問わず。たまに、その境を超える冒険を試みる人がいても、多くは無残な結果に陥ります。しかし、あなたのこの領域での活動は、思想の世界に生きる人々に、正面から受け入れられる希有な例となりました。

揺るがぬ清冽な倫理観

　しかも、文筆の世界でのあなたの活動は、それだけにとどまりませんでした。短歌を含む詩作の世界でも、多くの人々に感動を与えるものが生まれました。その可能性は、やがて、趣味の域を超える能楽の小鼓の素養をもとに、新作能の世界にまで広がりました。科学と文芸の二つの世界で名を成した方は、過去にも少なくありません。また新作能自体も珍しいことではないでしょう。しかし、例えば過去に、土岐善麿と喜多六平太（一四

Photo by Miyata Hitoshi

世）との関係から生まれた新作能の傑作などを考えれば、文芸と能楽とは自然に繋がれても、「一石仙人」のように、科学の世界と作能というジャンルをつないで一流の成果を上げることは、あなたにしかなしえなかったことだと思います。

さらに、その間に綴られたエセーの数々は、病を得られてから、むしろ凄絶な力を発揮しました。凄絶というのは、無論、病の結果である身体的な不自由さを超人的な力で克服されての執筆であった、という点にも加えられる形容ではありますが、人間の根源的なあり方において、揺るがぬ清冽な倫理観から、社会の不正に迫ること、つまり内容に対しても使われる形容であったと申せましょう。それが、私ども世の小さき存在にとって、どれほどの力となったか、これからもなり得るか、はかりしれないものがあります。

これだけのことを成し遂げられ、なお思い半ばであられたであろうあなたに、私どもは、どういう名をお贈りすればよいのか、またあなたの衣鉢をどう受け継いでいくべきなのか、あなたと幽明境を異にした私どもは、まだ混迷の中におります。ただ、有り難うございます、重なる苦しみから解放されて安らかにお休みなさい、と申し上げるのみです。

平成二十二年六月十八日

（むらかみ・よういちろう／東洋英和女学院大学学長、東京大学・国際基督教大学名誉教授）

多田富雄の世界

安藤元雄／石坂公成／石牟礼道子／磯崎新／加賀乙彦／公文俊平／A・ド・ヴェック／永田和宏／野村万作／真野響子／村上陽一郎／柳澤桂子／山折哲雄／K・ラジャンスキー　ほか

写真（宮田均）多数

四六上製　三八四頁　三九九〇円

ソーシャル・ビジネス、NPO法人のバイブル!

サードセクター
——今こそ、社会的出番!

井上泰夫

地震災害・経済危機とサードセクター

本訳書を出版するためのすべての作業を終えつつあった二〇一一年三月一一日、日本のみならず世界の記録に足跡を残す東日本大震災が勃発した。それは、数百年から数千年に一回の確率で起こった大災害であり、東北地方の太平洋岸の港湾に面した都市、町並み、家々が巨大な津波によって瞬時に消え去った。それだけでなく、この津波は福島の原子力発電所にさらに深刻な被害をもたらし、日本だけでなく、世界中にとって放射能汚染という最悪のリスクを引き起こした。都市の崩壊と原発の制御不能という二重の困難は日本社会に大きな爪痕を残すことになり、しかも、正常化の目途が立つまでに、非常に長い時間が必要になることが確実視されている。

顧みれば、日本経済は、第二次世界大戦後、一九五〇—七〇年代の高度経済成長から、息つく暇もなく、一九八〇年代の平成バブル経済にのめり込んだのちに、一九九〇年代に入って、金融バブルは急激に崩壊し、かつて盤石の強さを誇った日本的フォーディズムの制度的枠組みは次々にほころびを呈して、そのまま制度疲労に陥ってしまった。そして、「失われた一〇年」と日本の内外で評された一九九〇年代の長期的停滞を打破すべく本格的導入が官によっても民によっても推進された「新自由主義路線」は小泉政権の退陣とともに深刻な経済的、社会的矛盾を日本経済・社会にもたらすことになってしまった。なぜか。すべてを企業や個人の自由競争に委ねて、優勝劣敗を刺激して、優れた者が生き残って社会を作り直すという考え方がそもそも日本の経済風土になじまなかったからである。

このような現代日本の状況はある意味で、世界の状況を映し出している。フォーディズムから新自由主義への経済政策のシフトが経済格差という伝染病を先進諸国にまき散らしていることは周知の通りである。北米諸国も、ＥＵ諸国もミドルクラスが大量に形成される社会から、経済格差が蔓延するような格差社会に陥っている。いかにしてこの袋小路から脱出するのか。その解決のための重要な方法として、リピエッツが提唱するのが、サードセクターの確立である。サードセクターについて詳細な説明は本書における叙述に譲るが、その理念は危機に陥った社会が固有に備えている社会の自律的な組織化に関わっている。経済格差に見舞われている社会において、そして今回の大地震のように既存の官・民のネットワークが一瞬にして破壊されてしまう状況において、最後の拠り所となるのが、人間社会のもつ社会的な絆である。現在の経済格差が深刻であるのは、経済成長が常識であった時期には十分に機能した官と民のシステムだけではもはや経済格差の矛盾を解決できないからである。だからこそ、官と民を超えた社会的な絆としてのサードセクターがその解決の受け皿になりうる。

▲アラン・リピエッツ氏（1947-　）

日本のＮＰＯとサードセクター

日本社会の文脈のなかで考えるとき、サードセクター論は、ＮＰＯ運動と関連している。日本のＮＰＯは環境、自然保護、文化、社会などの領域ですでに大きな活動の蓄積がある。そして、もはや活動人口の三分の一に達している大量の非正規雇用者問題はＮＰＯ活動のなかに十分取り込む余地がある。地元の生活に密着した課題、問題を取り扱うのがＮＰＯの目的であるとすれば、企業にとり採算性の取りにくい活動について、市場経済のルールに従いつつ、相互扶助の考え方に立って運営することは可能である。その意味でも、ＮＰＯについての従来の考え方が、本書のなかで展開されているサードセクター論と結びつくことによって、理論的なバックボーンと実践的な戦略を獲得することができるだろう。

（構成・編集部）

＊全文は『サードセクター』に掲載

（いのうえ・やすお／経済理論）

サードセクター
「新しい公共」と「新しい経済」
A・リピエッツ　井上泰夫＝訳・解説
四六上製　二九六頁　三二五〇円

時代の変革者たちの名言を選んだ『次代への名言』第二弾刊行。

時代の変革者たちの言葉

産経新聞朝刊に連載中の「次代への名言」。一月に小社より『**次代への名言** 政治家篇』として上梓されたが、今月、『時代の変革者篇』が刊行される。

この『時代の変革者篇』に収録されるのは、以下のような人物たちの名言である。

秋山好古・真之、坂本龍馬、日本武尊、武蔵坊弁慶、楠木正成、足利尊氏、真田幸村、徳川家康、宮本武蔵、熊沢蕃山、西郷隆盛、勝海舟、新渡戸稲造、渋沢栄一、岩崎弥太郎、本田宗一郎、松下幸之助、五代友厚、織田信長、豊臣秀吉、高杉晋作、吉田松陰、孔子、孟子、朱子、王陽明ほか。

武士道の黎明期から幕末・維新期、さらには孔子、孟子にまで遡り、自己の命を省みず、かつ命を見つめつつ時代と格闘した人々の名言を集めた本書から、いくつかをご紹介させていただきたい。

熊沢蕃山

かつて徂徠は、「蓋し百年来の儒者の巨擘《きょはく》、人才は則ち熊沢、学問は仁斎、余るは碌々として未だ数ふるに足らざるなり」（傍点編集部）と語る。あの誇り高き徂徠がなぜ？　と思われる読者も多いだろう。中江藤樹を師にもつ熊沢蕃山（一六一九―九一）は江戸初期の儒学者であり陽明学者である。主な著書として『集義和書』『集義外書』『大学或問』などがあるが、実学の思想家、経世家として生涯を生き抜いた。一六八七年、「処士横議」を理由に、幕府より下総古河に禁固され、そのまま獄死した。

「人は皆、天地の子孫なれば何のいやしきといふ者かあらん。」

（熊沢蕃山）

山岡鉄舟

山岡鉄舟（一八三六―八八）は、一刀正伝無刀流剣術の開祖である。維新のおり、単身官軍の営所に乗り込み、西郷隆盛と勝海舟との会談を周旋し、江戸開城が実現し江戸は戦禍を免れた。明治天皇侍従として信任が厚かった。

「善悪の理屈を知りたるのみにては、武士道にあらず。善なると知りたる上は直《ただち》に実行に顕《あら》はし来《きた》るを以《もっ》て武士道とは申すなり。」

（国立国会図書館蔵）

勝 海舟

勝海舟（一八二三―九九）は万延元（一八六〇）年、咸臨丸を指揮してアメリカに渡り、帰国後は海軍操練所を設立するなど活躍した。

「晴てよし曇りてもよし不二の山
もとの姿はかはらざりけり」

渋沢栄一

後世、「日本近代資本主義の父」と称され、様々な起業にかかわった渋沢栄一（一八四〇―一九三一）は、『論語』に基礎をおいた確固たる思想を持っていた。

「政治界でも又実業界でも、利を見て義を忘れている。義利が合一せねば真正の文明も成し得られず、真正なる富貴も期し難い。」

（国立国会図書館蔵）

リレー連載　今、なぜ後藤新平か　67

震災復興と後藤新平

波多野澄雄

縮小されたプラン

岩手県奥州市水沢区（旧水沢市）に瀟洒な「後藤新平記念館」がある。奥州市は内陸部にあるため、東日本大震災の被害は沿岸地域ほどではなく、記念館も無事だったようである。

それにしても、これだけの大地震となると、省庁を越えた復興専任官庁として、阪神淡路大震災でも設置されなかった「東日本復興庁」が必要になるだろう。一九二三年（大正十二）年九月の関東大震災に際しての「帝都復興院」以来のことになる。後藤は、第二次山本権之兵衛内閣の内務大臣として、この帝都復興院の総裁を兼ねた。

ここで思い起こされるのが、後藤の帝都復興計画であり、今回の大震災でも評論家諸子が言及することもしばしばである。帝都復興計画法案が帝国議会に提出されたのは大震災から三か月後の二三年一二月中旬であった。

山本総理の議会冒頭演説は、震災に対する各国の支援に「感謝の念」を表明した後、「帝都復興の計画に付きましては、全般の施設を通じて実質を主とし、外観を従とし、専ら国民の実際生活に適合することを以てその根幹とする」というもので、大規模な復興計画でないことを暗に示していた。

実際、「大風呂敷」といわれた後藤の復興計画であるが、議会提出時には、むしろ小規模プランに変容していた。貴族院では、「将来、日本国の帝都のみならず、五大国の一つとしての帝都」として大規模な都市再生計画を望む声が少なくなかった。しかし、後藤は「復興院としても理想的な計画を示すことは望むところだが、……各機関の意見を総合しまして茲に提案している」と応じているように、当初プランの換骨奪胎を告白するような場面もあった。

不充分な地方の自治権が妨げに

では、議会で審議された帝都復興計画の具体的な中身はどのようなものであったか。後藤が最もこだわったのは、道幅の広い「街路」と公園広場であったことがわかる。街路と公園広場は「震災火災を免れしむることは勿論、平生の経済、衛生上の福利の増進」に役立つというのである。そのために、五万坪程度を一単位とする土地区画の整理と六間幅（約一二メートル）程度の街路の建設とを一体として推進する計画であった。このプランは、地主や地権者の私有財産を「公益」の名のもとに無視するものとして、議会内外の厳しい批判を浴びたが、旧市街を復活することは「其投ずる所の価を損することは勿論、将来禍を再びする」と押し切った。ただ、当初は、東京・山の手一帯にも及ぶはずであったが、当面は焼失地域に限定されたものとなる。

もう一つは、道路建設にあたっては、「大東京市に於ける環状道路、之に副ふべき所の放射線」、つまり東京から放射状に延びる道路と、環状道路の組み合わせを強く主張したことである。計画は縮小されながらも実際に建設される。

◀関東大震災救護班視察中の山本首相（右）と後藤内相

そのほか、「飛行機襲撃等の為に害を被ることのないよう」にするための通信施設の地下埋設、東京築港に併せた東京近郊における「十萬余坪の飛行場」など、後世に実現されたアイデアも多い。

その一方、帝都復興計画にとって妨げとなったのは、地方の「自治」が十分でなく、東京といえども国の法制度に大きく規制され、「真の自治権を許されて居ない」ことであった。後藤はその例として、「道路の管理が東京市の全権に属することが出来ない」点を挙げている。省庁の壁を越えて推進されるはずの帝都復興計画法といえども、国の都市計画法の規制を免れることはできなかったのである。大規模災害と地方分権や地方主権のあり方という、今日的テーマを考えるとき、きわめて示唆的である。

（はたの・すみお／筑波大学教授）

Le Monde

■連載・『ル・モンド』紙から世界を読む　97

貧すれば鈍する（？）

加藤晴久

ＬＳＥは経済学、社会科学の名門校ロンドン・スクール・オブ・エコノミクスの略号。そのＬＳＥがいま、リビアン・スクール・オブ・エコノミクスと揶揄されている（『ル・モンド』二・二四／三・二）。二月二一日未明、リビアの独裁者カダフィの息子のひとり、サイフ＝アリスラム（三八歳）が、蜂起した反体制派をテレビで「血の海になるぞ」と脅したからである。

サイフ＝アリスラムは「イスラムの剣」という意味だそうだが、なんとＬＳＥに数年間在学し、二〇〇九年にPh.Dの学位を授与されているのである。論文のタイトルは「グローバル・ガバナンス諸制度の民主化過程における市民社会の役割――〝ソフトパワー〟から集合的決定へ」であると！　そのうえ、彼は自分が総裁を務める財団から一五〇万ポンド（約二億円）を寄付することを約束していて、すでに三〇万ポンドを「人権・女性と発展・市民社会と民主主義・経済の多様化」という研究を援助するため払い込んでいるとのこと。

慌てた大学当局は二月二二日、「大学が掲げている、また本人に教えたはずの民主主義の諸価値を擁護しない」男からはもはや一文も受け取らない、これまで受託してきたリビアの公務員研修を中止する、リビアの政府系ファンドへのコンサルティング業務を中止するという声明を発表した。かえってこれまでの縁の深さをうかがわせるような声明である。

実は、四つの階段教室、一六の大教室、ロンドン旧市街を見晴らすカフェ・テラスを備えたニュー・アカデミック・ビルディングというＬＳＥの最新の建物もアラブ首長国連邦の中核アブダビの王太子の資金援助でできたのだという。

誇り高きジェントルマンシップのはずの英国。貧すれば鈍するか？　それとも、一二世紀からの伝統を誇るオックスフォードとケンブリッジに比べると、ＬＳＥは一八九五年創立と歴史の浅い新興大学。また、市場主義のハイエクが教えた、あるいは第三の道のギデンズが教える大学。金にかんして脇の甘い体質、ということなのだろうか。

（かとう・はるひさ／東京大学名誉教授）

リレー連載　いま「アジア」を観る　99

共有する伝統

渡辺純成

受験中の若者のところに複数の美少女が現れて恋仲になり、最後に若者は美少女たちにかしずかれて暮らした。現代日本の青少年漫画ではない。明代以降の中国本土で量産された大衆小説の粗筋である。

『ドラえもん』が欧米では流行らないが中国・東南アジアでは流行ることからも察せられるように、近世以降の東アジア海域の沿岸では、心性に関して、共通する側面が確かにある。この共通性は、日本列島についていえば、江戸期に明末の文化を大量に受容し消化することを通じて培われた。もちろん、もてない男の妄想の普遍性に根拠を求めるフェミニストの批評も誤りではないけれども、共通点は、サブカルチャーだけではなく数学観に関しても見て取れる。数学観は、古代／中世地中海世界の伝統の下にある西欧社会と日本社会とでは、明瞭に違う。したがって、ひとの心の普遍性だけで説明を済ませるわけにはゆかない。

中国数学には、論理操作よりも計算を重視する伝統が漢代からあった。そして元末明初の混乱期に、理論的志向が一度滅んだ。結果として明代には、「数学は日常生活に必要な計算ができれば充分」という風潮が蔓延した。江戸期日本は、この風潮を濃厚に受け継いだ。このような数学観では自然科学を創造できないので、明治以降の教育制度では西欧的な数学観に思想的基盤を置いたが、制度的数学に対する社会の違和感の噴出を誘発することにもなった。その一例として、西欧キリスト教の知識と信仰を売り物にする現代日本の小説家が、このような実用的数学観を強調したりするが、そこでは実のところ、明末の華人商人の心性が無自覚に再現されているのである。数学を学問と認識した清朝考証学者たちの見識の高さには、及ばない。

東アジア海域世界の諸集団は、欠点まで似過ぎてしまった。この地域での葛藤には、似過ぎたための近親憎悪もあるのではないか。われわれは、共有する伝統の悪影響をもっと自覚する必要がある。

（わたなべ・じゅんせい／東京学芸大学助教）

連載　女性雑誌を読む　36

『ビアトリス』（六）

尾形明子

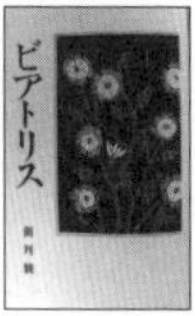

　『ビアトリス』は、発行部数も五〇〇部余の文芸誌だったが、『青鞜』を継いだということで創刊から注目された。『女の世界』（大正五・八）では、花葉生《かよう》が「第二期の『新らしい女』」と題し「第一期の新らしい女の多くは没落し、残つてゐる平塚雷鳥、伊藤野枝、神近市子などの数人が或は自分の道に迷はんとしてゐる時、ビアトリスの同人に依つて第二期の新らしい女の清新なる群れが生れたことは悦ぶべきことである」と創刊を祝している。

　『青鞜』の魅力と意義は、家・社会・法・モラルに女性たちが果敢に挑んだことにあった。大逆事件後の「冬の時代」に知識人が萎縮する中で、「新しい女」の活躍はあざやかだった。が、恋愛をバネにして飛翔しようとした時、家も社会もあまりに堅固で、しかもパートナーとなる男の体質は古かった。スキャンダルにまみれ何人もが失意のうちに『青鞜』を去った。

　筆者は続けて「新らしい『ビアトリス』は、古い『青鞜』よりも進歩した思想を含むであらう」と記しながらも「唯、其の雑誌の名の、後に生まれたものが、前に去つたものよりもよりクラシカルな点を異とするのみ」と付け加えている。『女の世界』は一九一五（大正四）五月に実業之友社から青柳有美によって創刊され「男でも読む」「毛色の変わった」女性誌だった。当時の編集兼発行者は安成二郎であり堺利彦ら社会主義者、泉鏡花や幸田露伴等々の人気作家、田村とし子、長谷川時雨、岡田八千代ら女性作家も多く執筆している。花葉生が誰であるのかは不明だが、いかなるバッシングをも受ける覚悟を持った『青鞜』の命名に比して、男の永遠なる憧れの化身である『ビアトリス』の命名の古さを、すでに創刊から指摘した人がいたことに驚かされる。が、『ビアトリス』を「第二期の新らしい女」の雑誌にするつもりなど、発起人にはまったくなかった。

　五明倭文子《ごみょうしずこ》は、『ビアトリス』創刊号の〈編集雑観〉に「健全な貞淑な思想のもとに、この文藝の道に崇高な趣味を養つて、進んでゆきたい」と記す。『青鞜』に大胆な恋愛小説を書いて登場した作家である。

（おがた・あきこ／近代日本文学研究家）

■連載・生きる言葉 48

国家と階級

粕谷一希

> 国家は全社会でもなく萬能なるものでもない。
> 一方の見る所によると、国家はあまたの社会の中に於ける一の社会である。
> 他方の見る所によると、国家は階級支配の波に浮かび出る一泡沫である。
> （高田保馬『国家と階級』自序、昭和九年）

高田保馬氏は戦前の日本で経済学と共に社会学で業績を残したすぐれた社会科学者であった。その時局的発言がナショナリスティックだということで戦後、大学を追放された。しかし、神保町の老舗で昭和三十年代、本書が二万円の高価を呼んでいたことでその評価がわかるだろう。

高田保馬は昭和初年代、精力的に唯物論的国家論を批判した。しかし、国家が万能だというのではなく、多元的国家論という近代的国家観に依拠していた。多元的国家は正しくは、多元的社会に基く国家観の意味であって、国家は万能ではなく、さまざまの社会組織のひとつだという考え方で、これは戦後になっても通用していた近代的思考であった。

高田氏はマルクス主義者として福本和夫、河上肇を論争の相手として選んでいるが、時代の流れを想わせる。

思考の流れとしては、法哲学の尾高朝雄の『国家構造論』の方がすぐれている気がするが、高田保馬の場合、やはり、ヨーロッパの多元的国家論に拠っているところが、強味なのであろう。戦後くり返されたマルクス主義と近代派の論争も、大勢として戦前のくり返しであり、いまにして思うと、われわれも空しい空気に引っ張りまわされたものだと思う。

しかし、議会もジャーナリズムも、公開の席上で、公衆に対してオープンであること、結論を公衆自らに選ばせることが決定的に重要である。日本人は自らの思想史を再構築しなければならない。とくに戦争への道を歩んだ昭和史の経験をくり返し反省してみる必要がある。まだ決定的な昭和思想史は書かれていない。（かすや・かずき／評論家）

連載　風が吹く　38

山本さんの幻

山本夏彦氏　17

山崎陽子

たまたま乗ったタクシーの運転手さんの斜め後ろから見た風貌が、あまりに山本夏彦さんに似ていたので息をのんだ。頭の形、眼鏡、頬の線、首筋、何よりも「どちらまで」という、ちょっと笑いを含んだような声質までそっくりなのだ。もっと声が聞きたくて「明日は雨でしょうか」などと問いかけたら、驚いたことに、「ままになるようで、ならないものは、明日の日和とぬしの心」と、粋な文句を返し、あまつさえ「フフフ……」と、山本さんのトレードマークの含み笑いまで付け加えたのである。

『山本夏彦さんお別れの会』が、青山葬祭場で執り行われたとき、建築家のI氏が、弔辞で、「今ここへ向かうとき、目の前を、確かに山本さんが歩いていた」と述べられ、さもありなんと頷いた人も多かったが、その後も、あちらこちらに出没されたという噂はひきもきらなかった。

山本さんは、コラムに書いたものを、まずタクシーのドライバーに聞かせ、その反応を面白さのバロメーターにしていると仰っていた。だから、タクシーの運転手に扮して八年ぶりに登場しても不思議はない、そんな思いにとらわれたのだが、降り際「お忘れ物ないように」と振り向いた顔は、兄弟といってもいいくらい似ていて、私は、しばらく動悸が治まらなかった。前日、山本さんの書簡を整理していて、一通の返信葉書に苦い思いをかみしめたところだったからである。

それは、入院中の退屈しのぎになればと思いついたアンケート形式の手紙で、往復葉書に並べた言葉に、○か×を記入して頂こうという趣向であった。「とても元気」「退屈だ」「食欲あり」「一杯飲みたい」など他愛のない項目ばかりだが山本さんは律儀に記入して下さった。

「食欲」には×「物欲」には「全くなし」、「色欲」には◎で「たっぷり」と添え書きまであり「こんな葉書をよこす奴は馬鹿だ」には「面白い、愉快、有難う」とあったが、その字は力なくかすれている。楽しんで頂くつもりが、結局は返信を強要していたのだという後悔が、ずっと尾をひいている。だから、幻を見たのかもしれない。

（やまざき・ようこ／童話作家）

連載　帰林閑話　196

孔子の自画像

一海知義

『論語』は、孔子の言行録である。

その中で、孔子は時に自分のことを語る。ある場合には自発的に、また別の機会には弟子の問いに答えて。

最もよく知られているのは、為政《いせい》篇の次の一節だろう。

子曰《い》わく、吾十有五にして学に志し、三十にして立つ。四十にして惑《まど》わず、五十にして天命を知る。六十にして耳順《したが》い、七十にして心の欲する所に従いて、矩《のり》を踰《こ》えず。

人々はこれを読んで、さまざまに解釈する。そして納得したり、疑問を感じたりする。解釈に意見の分かれる場合が多いのである。

たとえば、「五十にして天命を知る」。「天命」について、ある人は「天が孔子に与えた運命」だとし、またある人は「天から与えられた使命」だという。「命《めい》」を、消極的に「運命」ととるか、積極的に「使命」と考えるか。

孔子は七十過ぎまで長生きした。そして晩年に至るまで、精力的に政治活動、教育活動に専念した、従って「命」は積極的な「使命」と考えていいだろう。あるいはそういう「使命」を与えられたのが自分の「運命」だと、考えていたかも知れない。

『論語』の中で語られる孔子の自画像は多面的であり、弟子子路《しろ》に語った次のようなエピソードもある（述而篇）。

葉公《しょうこう》（楚国葉県の長官）、孔子を子路に問う。子路対《こた》えず。子曰わく、女《なんじ》奚《なん》ぞ曰わざりしや。其の人と為《な》りや、憤《いきどお》りを発すれば食を忘れ、楽しんでは以て憂いを忘れ、老いの将《まさ》に至らんとするを知らざるのみ、と。

ここには、平静温厚な「聖人」でなく、活きた孔子像が語られている。「憤りを発すれば食を忘る」というところが、いい。

『論語』には、このほかにも孔子が自分のことを語った箇所がすくなくない。「孔子、孔子を語る」という興味深い一冊の本ができそうである。

（いっかい・ともよし／神戸大学名誉教授）

三月新刊

「江戸論」の決定版

歴史のなかの江戸時代

速水融編

「江戸時代＝封建社会」という従来の江戸時代像を全面的に塗り替えた三〇年前の画期的座談集に、新たに磯田道史氏らとの座談を大幅に増補した決定版。「江戸＝近世」はプレ・モダンか、アーリー・モダンか？

（対談者）増田四郎／田代和生／新保博／宮本常一／木村尚三郎／T・スミス／R・トビ／斯波義信／永積洋子／宇江佐真理／磯田道史ほか

四六上製　四三二頁　三七八〇円

「水の都」の歴史・現在・未来

「水都」大阪物語
再生への歴史文化的考察

橋爪紳也　図版多数

文明の源であり、人間社会の生命線でありながら、他方では、人々の営みを一瞬にして破壊する恐るべき力ももつ「水」。水と陸とのあわいに育まれてきた豊饒な文化を歴史のなかに辿り、「水都」大阪再生へのヴィジョンを描く。

A5上製　二二四頁　二九四〇円

なぜヨーロッパに「資本主義」は誕生したか

資本主義の起源と「西洋の勃興」

エリック・ミラン
山下範久訳

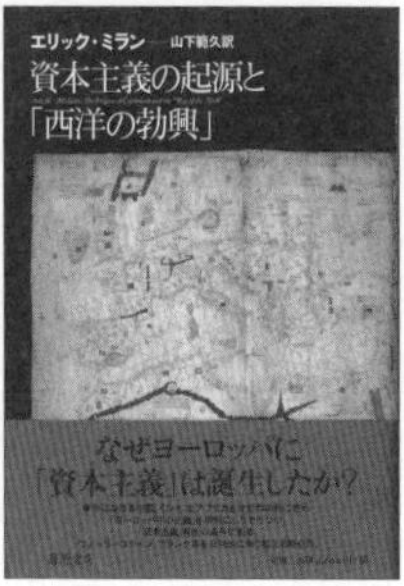

中世における中国、インド、北アフリカを比較の視野に収め、「ヨーロッパ中心主義」を周到にしりぞけつつ、「資本主義」発生の条件に迫る。ウォーラーステイン、フランク等を批判的に乗り越える気鋭の野心作。

A5上製　三二八頁　四八三〇円

崩れゆく絶対王政……フランス革命へ！

フランス史（全6巻）
Ⅴ　18世紀――ヴェルサイユの時代

J・ミシュレ

監修＝大野一道・立川孝一／責任編集＝大野一道・小井戸光彦・立川孝一

ルイ十四世の死～フランス革命直前。フランス革命への道が見え始め、自由と理性を求める時代精神が高まる。

四六変上製　五三六頁　四八三〇円

九八の逸話による初の伝記

革命家皇帝ヨーゼフ二世
ハプスブルク帝国の啓蒙君主　1741-1790

倉田稔＝監修
E・マホフスキー著／松本利香訳　口絵一六頁

ハプスブルク帝国史上、最も重要な皇帝。革命家皇帝、貧民皇帝など多くの呼び名をもつ。誕生から最期までの逸話で生涯を浮き彫りにする。

四六上製　二三二頁　二九四〇円

琉球・沖縄の地から、「自治」や「自立」「共生」してゆく道をさぐる！

シンポジウム「琉球と東アジア文化圏をつなぐもの――「自治」と民際学」

二〇一一年三月五日（土）午後二時から六時まで、沖縄大学大講義室において、ＮＰＯ法人「ゆいまーる・琉球の『自治』」設立五周年を記念したシンポジウムを開催した。

緒方修氏（沖縄大学）の総合司会のもと、**片山善博総務大臣**が基調講演「沖縄と自治」で「復帰前」の琉球政府が自治権確立のモデルになるとし、沖縄の行政自治の可能性について論じた。

次に**仲地博氏**（沖縄大学）をシンポジウムの司会として、**松島泰勝**（島嶼経済論）、**大城立裕氏**（作家）、**佐藤優氏**（作家、元外務省主任分析官）、**王柯氏**（国際関係論）がそれぞれ自治・独立、東アジア文化圏、米軍基地問題、振興開発、日米関係、民族問題等について問題提起を行った。

海勢頭豊氏（ミュージシャン）の唄と話を挟んで全体討論、質疑応答と全体のまとめを行った。議論の概要は以下の通り。

沖縄が日本に「復帰」して三九年。その間、沖縄は経済自立が実現せず、むしろ振興開発とリンクする形で米軍基地が押し付けられ、国に大きく依存するようになった。普天間基地の「県外移設」という公約も破られ、日本政府は辺野古新基地を建設しようとしている。琉球はかつてアジア諸国と交易を行った海洋国家であり、東アジア文化圏の諸地域と多くの歴史的、文化的共通性を持っている。国境を越えて民と民とが直接的な関係を結び、琉球の人々が東アジア地域の自治的自覚をもった人々とつながり、琉球文化（特に言語）を土台に自治を実現すれば、現在、琉球が直面している閉塞状況を打破できる。

琉球の問題を真剣に考え、将来の方向を決めることができるのは一人一人の琉球人である。国民国家を越えて東アジアにおける自治、民主主義を確立すべきである、と。

（記・**松島泰勝**／「ＮＰＯ法人ゆいまーる・琉球の『自治』」代表）

読者の声

次代への名言　政治家篇■

▼著者関厚夫氏の言動に共感。同氏の発信のものは、産経新聞等にて読ませていただいている。

（山梨　**遠藤太一**　67歳）

いのち愛づる姫■

▼三月二三日の「ラジオ深夜便」で山崎陽子さんのインタビューを聞き、ぜひ読んでみたかった。できれば、山崎陽子さんのおいたちを書いた本があれば読んでみたいです。『いのち愛づる姫』はまだ届いたばかりですが、子どもに読んであげたい絵や文章です。

（長野　主婦　**桜井紀子**　60歳）

三島由紀夫vs東大全共闘■

▼「今日の日本を悪くしたのは全共闘である」と云う言説に思考を停止させる無気味な呪力のようなものを感じていました。その呪力を祓うために有益な本だと思いました。内容については私の知層の脆弱さを否でも感じさせるものでした。一方で論が散漫のようにも感じましたが、読み進むうちに意味不明だった所が少し接続するという知的快感も味わうこともできました。西田、石原、三島で検証的な本ができればとも思いました。

（茨城　**飯島豊**　53歳）

『機』二〇一一年三月号

▼前略　『機』三月号にて、『勤勉革命』による江戸時代」を、大震災復興にも示唆の多い文章として拝読。歴史と地理は、文明の比較として考える「具体的な手法」も提供してくれるのだよと速水融先生の声が聞こえ、勇気付けられます。私事ですが、仙台に住む小生の両親は、電話で「無事。昔の日本は、車も電気も、そして電話もなくてもやってきたのよ。」と笑っていました。われわれ日本人こそが、二十一世紀の文明のあり方を再構築したいもの。　草々

（兵庫　**木下彰**）

※みなさまのご感想・お便りをお待ちしています。お気軽に小社「読者の声」係まで、お送り下さい。掲載の方には粗品を進呈いたします。

書評日誌（三・一～三・二四）

(書) 書評　(紹) 紹介　(記) 関連記事
(T) 紹介、インタビュー

三・一　(書)新KH報「江馬細香」（「東西南北」）

三・三　(紹)毎日新聞「変わるイスラーム」「仮想戦争」（「もっと知る！」／「民主主義の担い手は」／鈴木英生）

三・六　(書)神戸新聞「ケースブック　日本の居住貧困」（「ひょうご選書」／「住宅問題　事例で解決」／「保険、福祉の視点を」／磯辺康子）

三・七　(紹)しんぶん赤旗「失くした季節」（「月曜インタビュー」／『失くした季節』で高見順賞」／「日本と朝鮮の歴史を生きる」／平川由美）

三・一三　(書)東京新聞「浜辺の誕生」（「テーマを読み解く」／「快楽が湧き出す」／岡村民夫）

三・二〇　(書)毎日新聞「高山寺蔵　南方熊楠書翰」（「この人・この三冊」／赤坂憲雄）

三・二三　(書)聖教新聞「次代への名言　政治家篇」（「きのうきょう」／「明治維新から終戦時まで真の言葉を尋ねて」／関厚夫）

三・二四　(書)建設通信新聞「ケースブック　日本の居住貧困」（「MONTHLY REVIEW」／「安心できる住まいとは」）

4月の新刊

タイトルは仮題、定価は予価。

『環 歴史・環境・文明』㊺ 11・春号 ＊
〈特集・自由貿易の神話〉
E・トッド／F・リスト／J・L・グレオ／J・サピール／佐藤優／王柯／榊原英資／小倉和夫／中馬清福／関曠野／中野剛志／西部邁 ほか
菊大判 三七六頁 三七八〇円

詩集 寛容 ＊
多田富雄 解説＝石牟礼道子
四六変上製 二八八頁 二九四〇円 口絵一頁

多田富雄の世界 ＊
磯崎新／加賀乙彦／A・ド・ヴェック／野村万作／真野響子／村上陽一郎 ほか
四六上製 三八四頁 三九九〇円 口絵八頁

サードセクター ＊
「新しい公共」と「新しい経済」
A・リピエッツ 井上泰夫＝訳・解説
四六上製 二九六頁 三一五〇円

次代への名言 ＊
時代の変革者篇
関厚夫（産経新聞編集委員）
B6変上製 二五六頁 一八九〇円

5月刊

広報外交の先駆者・鶴見祐輔 ＊
上品和馬 跋＝鶴見俊輔

高畠学 ＊
文化としての環境日本学1
原剛 編

金融主導型成長の終焉 ＊
市場絶対主義の危機
R・ボワイエ 山田鋭夫・坂口明義・原田裕治＝監訳

歴史の不寝番 ＊
亡命韓国人の回想録
鄭敬謨 鄭剛憲＝訳

私には敵はいない ＊
中国の民主化と劉暁波
劉暁波／徐友漁／劉霞／丁子霖・蒋培坤／余杰／劉燕子／及川淳子／麻生晴一郎／藤井省三／横澤泰夫／矢吹晋／子安宣邦／峯村健司／清水美和／藤野彰 ほか

好評既刊書

資本主義の起源と「西洋の勃興」 ＊
E・ミラン 山下範久＝訳
A5上製 三二八頁 四八三〇円

「水都」大阪物語 ＊ 図版多数
再生への歴史文化的考察
橋爪紳也
A5上製 二二四頁 二九四〇円

歴史のなかの江戸時代 ＊
速水融編
四六上製 四三二頁 三七八〇円

フランス史（全6巻） 内容見本呈
J・ミシュレ 大野一道・立川孝一＝監修
5 18世紀――ヴェルサイユの時代 ＊
四六変上製 五三六頁 四八三〇円

革命家皇帝ヨーゼフ二世 1741-1790 ＊
ハプスブルク帝国の啓蒙君主
倉田稔＝監修
E・マホフスキー著 松本利香訳
四六上製 二三二頁 二九四〇円 口絵一六頁

生光
辻井喬
四六上製 二八八頁 二一〇〇円

パナマ運河 百年の攻防
一九〇四年建設から返還まで
山本厚子
四六上製 三四四頁 三三六〇円

鈴木茂三郎 1893-1970 口絵四頁
統一日本社会党初代委員長の生涯
佐藤信
四六上製 二四八頁 三三六〇円

「沖縄問題」とは何か
大城立裕／松島泰勝／金城実／増田寛也／海勢頭豊／岩下明裕／川満信一／三木健 ほか
四六上製 二八〇頁 二九四〇円

叢書・歴史を拓く――『アナール』論文選
4 **都市空間の解剖**〈新版〉 完結
責任編集＝二宮宏之・樺山紘一・福井憲彦
解説＝福井憲彦
A5判 二八八頁 三七八〇円

次代への名言
政治家篇
関厚夫
B6変上製 二八八頁 一八九〇円

＊の商品は今号に紹介記事を掲載しております。併せてご覧戴ければ幸いです。

書店様へ

▼このたびの東日本大震災の被害に遭われた皆さまに、心よりお見舞いを申し上げます。また、現在もなお被災地の被災者救済や災害復旧に当たられている皆さまに、深く感謝申し上げますとともに、心からの敬意を表します。そして、被災地の一日も早い復旧と、皆さま方のご無事をお祈り申し上げます。

▼小社では、地震発生時に所沢の物流倉庫で多少の荷崩れが起こりましたが、出荷業務には混乱はなく、現在も通常通りの営業を続けております。ただ、今後警戒される余震への対策に加え、物流の混乱等、通常よりも一、二日程度の出荷の遅れが発生する可能性がございます。皆さまからのご注文には万全を期して対応させていただきますので、何卒ご了承下さいますようよろしくお願い申し上げます。

▼また、今回の震災の被害で、小社タイトルの店頭在庫交換の必要がございましたら、お気兼ねなく各担当者までご相談下さいますようよろしくお願い申し上げます。

（営業部）

五月新刊

＊タイトルは仮題

投機でなく公共による金融のあり方を模索

金融主導型成長の終焉

市場絶対主義の危機

ロベール・ボワイエ

山田鋭夫・坂口明義・原田裕治監訳

サブプライム危機についての見解を総括的に提示した書。広く政治経済学的見地から批判的に分析し、公的介入により危機は回避可能だったとする。金融主導型成長の終焉を画する危機として捉え直し、新しい成長のあり方を模索する。

「共生」の文化はいかにして生まれるか

高畠学

文化としての環境日本学Ⅰ

原剛 編

市場経済主義と技術主義を超え、実践かつ継承される〈「文化」としての環境学〉の創造に向け、日本各地での実践から問う！　四半世紀にわたり、農民詩人、星寛治を中心に有機農法の先駆として、「農」を根本的に問い直し、真に「共生」を実現する農のかたちを育んできた山形県高畠の「文化」とは？

星寛治氏　撮影・佐藤充男

広報外交の最重要人物、初の評伝

広報外交の先駆者・鶴見祐輔

上品和馬　跋＝鶴見俊輔

戦前から戦後にかけて、精力的にアメリカ各地を巡って有料で講演活動を行ない、現地の聴衆を大いに沸かせた鶴見祐輔。日本への国際的な「理解」が最も必要となった時期にパブリック・ディプロマシー（広報外交）の先駆者として名を馳せた、鶴見の全業績に初めて迫る。

「民間」の視点からの考察

私には敵はいない

中国の民主化と劉暁波

「08憲章」の起草者、劉暁波氏のノーベル平和賞受賞をどう受け止めるべきか？　辛亥革命や文革以来の「歴史」と未来を担う「民間」の視点から中国民主化の意味を考える。

劉暁波／徐友漁／劉霞／李鋭ほか／丁子霖・蒋培坤／余杰／劉燕子／及川淳子／麻生晴一郎／藤井省三／横澤泰夫／矢吹晋／子安宣邦／峯村健司／清水美和／藤野彰／林望／城山英巳／加藤青延

時代と歴史の不寝番、鄭敬謨

任在慶（元ハンギョレ新聞副社長）

韓国の民主化と南北の平和統一を目標として結成されたという日本の「韓民統」という組織は、いっとき鄭敬謨自身熱をこめてその活動に参加した組織であるが、本書を読めば読むほど胸がむかついてくるそのおぞましい内部の様相は、創設者（金大中）が創設者であるだけに、その掲げた看板（韓国民主回復統一促進国民会議）が看板であるだけに、それを暴き実態を糾明した決断は、「歴史の不寝番《ねずのばん》」としての当然の責務であっただろう。

「六月民衆抗争」（一九八七年）の直後であった一九八九年、国内における民主化運動の先頭に立っていた文益煥牧師を説得して共にピョンヤンを訪れ、南北共同声明に先鞭をつけた（四・二共同声明）。

歴史の不寝番

——亡命韓国人の回想録

鄭敬謨《チョンギョンモ》　鄭剛憲＝訳

五月二五日刊

その一一年後の二〇〇〇年「五・一六南北共同声明」への道を拓いた偉業は末永く記憶されるべき統一運動上のランドマークである。これは「歴史の不寝番」として分断時代を生きた、一知性人鄭敬謨のほとんど独力で築きあげた金字塔ともいうべき成果である。

二〇〇二年六月、金大中大統領の在任最後の年、大統領は在野の民主化運動のリーダー三〇名ばかりを招き昼食をともにした。私はそのとき、軍事独裁時代に海外での民主化運動に携わっていた三人の代表的な人物（鄭敬謨・崔基一・鄭聖培）を招いて、労をねぎらう機会を持たれては、と大統領に申し上げた。

金大統領は「八・一五の記念日には必ずお招きしたい」と応じられた。しかし公開の場でなされた大統領のこの約束がはたされることはなかった。

サイードの〝知識人〟

黄晳暎（ファン・ソギョン／作家）

鄭敬謨が如何なる人物であり、どのような人生の路を歩んできたかは、この自叙伝「歴史の不寝番」が明らかにしてくれると思うが、長い付き合いから私が得た結論を先に述べるとすれば、彼は「知識人」に対するエドワード・サイードの定義がそのままあてはまる人物である。サイードは言った。

「知識人とは亡命者として周辺的存在であり、さらには権力に対して真実を語ろうとする言葉の使い手である」と。

第19回「野間宏の会」

大震災・原発と野間宏

――野間宏没20年

〈講演〉髙村 薫（作家）
熊谷達也（作家）
佐藤友哉（作家）＋富岡幸一郎（文芸評論家）
浅尾大輔（作家）
井野博満（東京大学名誉教授）

【日時】六月四日(土)午後一時半～（開場一時）
【場所】日本出版クラブ会館（JR「飯田橋」駅八分）
【参加費】二〇〇〇円（定員一二〇名・全席自由・申込先着順）
〈主催〉野間宏の会〈後援〉藤原書店
＊お申し込み・お問い合せは、小社「野間宏の会」係までご連絡ください。

●〈藤原書店ブッククラブ〉ご案内●

▼会員特典は、①本誌『機』を発行の都度ご送付／②（小社への直接注文に限り）小社商品購入時に10％のポイント還元／③送料のサービス。その他小社催しへのご優待等。詳細は小社営業部まで問い合せ下さい。
▼年会費二〇〇〇円。ご希望の方は、入会ご希望の旨をお書き添えの上、左記口座番号までご送金下さい。
振替・00160-4-17013　藤原書店

出版随想

▼三月一一日午後二時四六分、宮城県沖を震源とするマグニチュード九・〇という未曾有の大地震が起った。青森、岩手、宮城、福島、茨城、千葉、東京などの太平洋沿岸に大きな被害をもたらした。一カ月経つ現在も、日々その余震が続いている。現在、死者・行方不明者は合計三万人を超えているが、今後まだ増えるものと思われる。今回の地震の特徴は、大津波と原発事故である。大地震につきものは、大火災、大津波、大洪水といわれるが、この大地震もこれらをすべて伴って大災害を惹き起した。三陸沖の地は、一八九六年にも大地震、大津波などで二万人を超える死者・不明者を出し、近年も、しばしば地震と津波に遭遇している場所である。

▼今から約三五年前に、関東大震災で被災した社会学者の清水幾太郎は、次のように語っている。
「地震という災害が次々に他の災害を生み出し、幾つもの災害が融合して、一つのコンプレックスになります。私はこれを『災害の立体化』と呼んでおりますが、災害の立体化が起る時、私たちは、自然が発狂したように感じます。勿論、地震、津波、火災、洪水……は、自然の法則に従って生じたもの、それこそナチュラルなもので、それを災害と称するのは、人間中心の手前勝手な見方に相違ありませんが、自然が発狂すると同時に、私たちは、否応なしに、自分が自然の一部分であることを思い知らされ、私たち自身、一種の発狂状態に陥って行くのです。昔の人たちは、『地水火風』を『四大』と名づけました。人間が死ぬのは、人間を構成していた四大が宇宙へ帰って行くことでした。私が『災害の立体化』と申しますのは、『地水火風』における変化のコンプレックスにほかなりません。そういう意味で、地震対策というのは、発狂した自然と発狂した人間とを相手にする対策でなければいけないのです。」（『明日に迫ったこの国難』一九七五年）

▼今度の大震災の悲劇は、原発事故という文明社会ならではの大災害が起きてしまったことだ。次世代にまで大地に汚点を残すことになった。これから「復興・復旧」に入っていくことになろうが、この汚点をどのようにして乗り越えることができようか。今こそ、われわれの生活と地震対策を根底から見直すときがきたようだ。（亮）